„Den werden sie wohl immer brauchen..."

Eine kleine Chronik zu 75 Jahren Kondensatorenfertigung in Gera

aufgeschrieben von Stefan Hochsattel

ELECTRONICON Kondensatoren GmbH Gera

Inhalt- und Kapitelübersicht

Grußwort	2
Vorwort	4
Der Anfang: SIEMENS in Gera	7
Die ersten Jahre des VEB Kondensatorenwerk Gera	11
„Willkommen in Umstrukterode" – die Kombinatsjahre	21
Die Bildung des VEB Elektronik Gera	25
Von Hochratesputtern und Computern	28
Kernkompetenz: Die Entstehung des Bedampfungszentrums Gera-Pforten	31
Achterbahn in den freien Markt	35
Ringen um die Privatisierung	37
Und wieder ein Neuanfang: Die ELECTRONICON Kondensatoren GmbH	39
Neue Märkte, neue Prioritäten: Die 90er Jahre	51
Zukunftssicher: Kondensatoren für die Leistungselektronik	57
Großprojekte: Eine ganz neue Herausforderung	62

Grußwort

Als vor 75 Jahren die Ansiedlung einer neuen Kondensatorenfertigung durch den SIEMENS-Konzern in Gera gelang, wurde der Grundstein für einen wirtschaftlich kraftvollen Betrieb gelegt. Für die gesamte Region Ostthüringen wurde ein wichtiger Impuls von nachhaltiger ökonomischer Bedeutung gesetzt. Das Kondensatorenwerk gehörte schon bald nach der Gründung zu den größten und wichtigsten Unternehmen der Stadt Gera und der ganzen Region. Diese Bedeutung für die Region hält bis heute an. Auch nach der Deutschen Einheit behauptete sich das Unternehmen im freien Markt und entwickelte sich zu einem der weltweit führenden Spezialisten seiner Zunft.

Besonders wichtig für den Erfolg des Unternehmens ist der augenfällige Elan und die Zuversicht von Management und Belegschaft, mit der sie tiefe, existenzbedrohende Einschnitte meisterte. Zum ersten Mal in den Nachkriegswirren mit Besatzung und Demontage und zum zweiten Mal in den schwierigen Jahren der wirtschaftlichen Neuorientierung nach der friedlichen Revolution 1989.

Es ist seit jeher vor allem der Mittelstand, welcher der verarbeitenden Industrie in Thüringen ihr wirtschaftliches Gewicht verleiht. Es ist das Stehvermögen seiner Unternehmer, gepaart mit der Leistungsbereitschaft seiner Beschäftigten, welches dafür gesorgt hat, dass die Thüringer Wirtschaft wieder auf gesunden Füßen steht und sehenswerte Zuwachsraten verzeichnet. Wer hätte vor vielen Jahren gedacht, dass Thüringen eine bessere Arbeitslosenquote vorweisen kann, als beispielsweise das große Nordrhein-Westfalen?

ELECTRONICON in Gera steht beispielhaft für diesen Mittelstand, der sich tief in der Region verwurzelt sieht und die Vorteile des Standortes Thüringen mit Innovationskraft und unternehmerischem Geschick nutzbar zu machen weiß. Am Beispiel der Geraer

Kondensatorenbauer zeigt sich, dass es nicht ausschließlich Hochtechnologie sein muss, sondern gerade auch etablierte, auf den ersten Blick „einfache" Erzeugnisse und Komponenten wettbewerbsfähig in Deutschland produzierbar sind - und auch weiterhin bleiben sollen.

Die Erzeugnisse von ELECTRONICON spielen eine wichtige Rolle in einer der grundlegenden Herausforderungen unserer Zeit: der Wende hin zu einer effizienteren, nachhaltigeren Nutzbarmachung der begrenzten Energieressourcen unseres Planeten, wie sie nur mit Hilfe innovativer Lösungen für die Erzeugung, Übertragung und Verwendung von Elektroenergie denkbar ist.

Für diese wichtige Aufgabe wünsche ich dem Traditionsunternehmen ELECTRONICON und allen seinen Mitarbeitern weiterhin viel Erfolg, Freude und Schaffenskraft.

Christine Lieberknecht
Thüringer Ministerpräsidentin

Vorwort

Zwischen 1993 und 1994 fragten mich Verwandte und Freunde immer wieder: „Warum kämpfst du um einen Treuhand-Betrieb, der aus einem zusammengebrochenen Staatsbetrieb hervorgegangen ist und mit einem Bruchteil der ursprünglichen Mitarbeiter immer noch rote Zahlen schreibt?" Als ich dann 1994, zwei Tage vor Silvester, nach Berlin fuhr, um den wenig erfreulichen Vertrag zum Kauf von ELECTRONICON zu unterschreiben, glaubten einige, ich sei nun völlig verrückt geworden.

Meine ersten Kontakte zu den Geraer Kondensatorenbauern hatte ich schon in den sechziger Jahren. Meine Firma in Merseburg brauchte Kondensatoren für die Produktion von Blindleistungskompensations-Anlagen. Wir hatten Planwirtschaft, es gab keine Alternative zu Kondensatoren aus Gera. Wir bekamen nie so viele Kondensatoren wie wir brauchten, sondern nur so viel, wie die staatlichen Planer zugewiesen hatten. Manchmal haben die netten Damen vom Absatz, so hieß damals der Vertrieb, etwas mehr möglich gemacht, was ich dann mit einem kleinen Geschenk versüßt habe.

Ende der siebziger Jahre war ich in der glücklichen Lage, in Hessen die Firma SYSTEM ELECTRIC aufbauen zu können. Auch hier kamen wir nicht ohne Kondensatoren aus, aber nun gab es viele Alternativen. Um in der freien Marktwirtschaft wettbewerbsfähig zu sein, setzte ich voll auf Qualität, aber irgendwann gab es Probleme mit den zugekauften Kondensatoren und unser damaliger Lieferant wollte oder konnte meine technischen Forderungen nicht umsetzen. Mir war schon immer klar, dass ein guter Kondensator viel mehr ist als zwei lange Streifen aufgewickelter metallisierter Folie. Zu dieser Zeit besann ich mich auf die Kondensatorenbauer aus Gera. Die konnten zwar früher nie so viele Kondensatoren liefern wie man brauchte, und schon gar nicht zum gewünschten Termin, aber die Qualität hat schon immer gestimmt.

Anfangs bezog ich Geraer Kondensatoren gegen harte Währung über den DDR-Außenhandel Import/Export und nach der Vereinigung Deutschlands durch direkten Kontakt zu den Geraer Kondensatorenbauern. Die Zeiten hatten sich geändert, die Menschen, besonders die im Absatz, der nun Vertrieb hieß, mussten umdenken. Sie teilten nicht mehr zu, sondern fragten nun, wie viele Kondensatoren in welcher Bauform ich haben wolle, und nun wurde der Kauf oft mit einem kleinen Geschenk an die Kunden versüßt. Wir sollten nie vergessen, was das für ein weiter Weg für die Menschen war.

Dass die Qualität der Geraer Kondensatoren gestimmt hat, ist fast selbstverständlich. Als sich dann die Gelegenheit bot, ELECTRONICON zu erwerben, war es für mich genau so selbstverständlich, ein Gebot abzugeben, denn der Traum der meisten Anlagenbauer ist der eigene Kondensator. Allerdings, so einfach war das alles nicht. Die Privatisierung von ELECTRONICON war ein Krimi vom ersten bis zum letzten Tag und ich will nicht verschweigen, dass der Weg für viele nicht leicht war. Das einzige was heute zählt: Wir waren erfolgreich und unsere ELECTRONICON hat sich trotz der Unkenrufe, die den Zusammenbruch voraussahen, zu einem global anerkannten Spezialisten für Folie-Kondensatoren entwickelt. Kondensatoren aus Gera sorgen heute weltweit in Abermillionen Hausgeräten und Leuchten, in Hochgeschwindigkeitszügen, in Windparks, in der Auto-Industrie, in Stahlwerken, auf Schiffen, auf Ölbohrplattformen und in tausenden von drehzahlgeregelten Antrieben für sicheren Betrieb. Ohne Kondensatoren geht in der Elektrotechnik fast nichts und ich bin überzeugt, das wird noch lange so bleiben. Aber die Zahl der Wettbewerber und Nachahmer steigt, dem müssen wir uns stellen.

Wir können und wollen nicht die Billigsten sein. Aber wir können alles in unseren Kräften stehende tun, um der bestmögliche Partner unserer Kunden zu sein. Dafür bieten wir innovative Problemlösungen mit hohem Kundennutzen in sichtbarer Qualität, in Deutschland erdacht und in Deutschland produziert.

Mit meinem Dank an Herrn Hochsattel für die gelungene Aufarbeitung der Geraer Kondensatoren-Geschichte verbinde ich den Wunsch, dass Kondensatoren aus Gera auch in den nächsten 75 Jahren noch den Beifall der Fachwelt finden mögen. Dazu täglich ein Stück beizutragen, sollte uns alle stolz machen.

Herzliche Grüße

Klaus Holbe
Geschäftsführender Gesellschafter

Parkstraße 1, ab 1942
Geras „erste Adresse"
für Kondensatoren

Der Anfang: SIEMENS in Gera

Grundstücke waren überaus teuer, und Arbeitskräfte sehr knapp, im Berlin der ausgehenden dreißiger Jahre, als SIEMENS & HALSKE unter dem Eindruck des rasant gestiegenen Bedarfs für Komponenten der Rundfunk- und Nachrichtentechnik eine Ausweitung ihrer Bauelementeproduktion einleiteten. Im Vorfeld des sich abzeichnenden Krieges waren strategisch wichtige Unternehmen zudem ausdrücklich angehalten, mit zusätzlichen Produktionsstandorten in wenig exponierte Gegenden zu expandieren. Und so mietete der Konzern für die Erweiterung seiner Kondensatorenfertigung am 24. November 1938 Gelände und Gebäude des verstorbenen Schuhfabrikanten Kobitzsch in Gera an, um darauf eine neue Fabrik der Abteilung Kondensatoren-Technik des „Wernerwerkes R" zu errichten. Die anfänglich rund 200 Beschäftigten in Gera wurden zunächst organisatorisch dem Arnstädter Werk für Rundfunktechnik unterstellt und wickelten und montierten hier schon bald vaselineimprägnierte Papierkondensatoren für Anwendungen des Funk- und Fernmeldewesens.

Anfangs nur ein Zulieferer für die Radiofertigung in Arnstadt, erfuhr der Betrieb nach Kriegsausbruch einen deutlichen Schub: 1941 wurde auf dem erweiterten Gelände Neue Straße 16 ein Neubau errichtet, danach entstanden umfangreiche Produktionsstätten in der Parkstraße 1 und in der ehemaligen Panzerwagenkaserne Tinz. Ab Frühjahr 1942 wurden erhebliche Teile der Berliner Kondensatorenproduktion von SIEMENS & HALSKE nach Gera verlagert und das Geraer „Wernerwerk für Rundfunktechnik" nunmehr komplett unabhängig von Arnstadt geführt.

Der Ausbau des Geraer Standortes wurde besonders forciert, seitdem das Mutterwerk in Berlin-Charlottenburg zunehmend Ziel von alliierten Bombenangriffen geworden und beträchtlich beschädigt worden war. 1944 gelangte schließlich die gesamte Charlottenburger Kondensatorenfertigung des Konzerns und mit der Verlagerung des Zentrallabors Anfang 1944 auch die kondensatorbezogene Forschung und Entwicklung nach Gera.

Im rund anderthalb Hektar großen Standort Parkstraße/Neue Straße und auf dem Gelände in Tinz stellten inzwischen bis zu 3150 Beschäftigte, die übergroße Mehrheit davon Frauen, nahezu das komplette Kondensatoren-Sortiment von SIEMENS her. Zu den rund 18 Millionen im Jahre 1944 in Gera erzeugten Kondensatoren gehörten öl- bzw. vaselineimprägnierte Metall-Papierkondensatoren (Papierdielektrikum zwischen Metallfolien), darunter auch die berühmten tropenfesten Sikatrop-Kondensatoren, MP-Kondensatoren (die Urform von Kondensatoren mit metallisierten Elektroden), Elektrolytkondensatoren, sowie Styroflex-Kondensatoren (Metallfolien mit Dielektrikum aus Polystyrolfolie). Spulenkerne, Schichtwiderstände, Kopfhörerlautsprecher und Tonabnehmer ergänzten die Produktpalette. Auch einige der ersten Bedampfungsanlagen Deutschlands zur

Das Zwietuschwerk von SIEMENS & HALSKE in Berlin-Charlottenburg; hier befand sich ein Teil der Berliner Kondensatorenfertigung. Der vierte Stock im rechten Seitenflügel beherbergte das Zentrallabor, welches 1944 endgültig nach Gera verlagert wurde.

Sikatrop – „SIEMENS Keramik tropenfest". Gebaut für den zuverlässigen Einsatz auch unter Extrembedingungen. Etliche dieser Kondensatoren funktionieren noch 70 Jahre später tadellos.

MP-Kondensatoren, zum Schutz vor Umwelteinflüssen mit Bitumen versiegelt.

Styroflex. Als Dielektrikum diente hier bereits eine Kunststofffolie.

MP-Kondensatoren in einer Filterschaltung.

Blick in einen der Montagesäle (1943)

Metallisierung des Papiers für die MP-Kondensatoren wurden in Gera gebaut und betrieben, und bildeten so den Grundstein für die lange Tradition und das ausgeprägte Know-how der Geraer Kondensatorenbauer in der Verwendung metallisierter Dielektrika.

Das Kriegsende bedeutete eine tiefe Zäsur: kurz vor Ende der Kampfhandlungen war der Eisenbahnknotenpunkt Gera am 6. April 1945 Ziel massiver Bombenangriffe. Unter den 54 Betrieben, welche dabei in Mitleidenschaft gezogen wurden, war auch das SIEMENS-Werk, dessen Produktion infolge der beträchtlichen Schäden zum Erliegen kam. Als die zunächst einmarschierten amerikanischen Truppen die Stadt gemäß den Festlegungen der Jalta-Konferenz Ende Juni vor der nachrückenden Roten Armee räumten, zog ein stattlicher Teil der SIEMENS-Führungskräfte und Entwickler mit mehr als 25 Tonnen wesentlicher Gerätschaften und Unterlagen mit ihnen. Sie bildeten in den folgenden Jahren den Grundstock für die neue SIEMENS-Kondensatorenproduktion zunächst in Erlangen, später im süddeutschen Heidenheim, aus der viele Jahre später der heutige Wettbewerber EPCOS (TDK) hervorging.

Diese Nacht-und-Nebel-Aktion war aber nichts im Vergleich zu dem beispiellosen Aderlass, welcher nun folgte. Unter Berufung auf die ihnen zugesprochenen deutschen Reparationsleistungen räumten die sowjetischen Besatzer das Werk zweimal – zunächst im September 1945 und dann nochmals im Frühjahr 1948 – jeweils zu

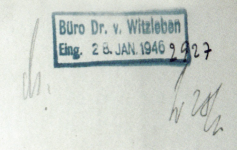

Herrn Dr. von Witzleben
Herrn Mühlbauer
Herrn Bogasch
Herrn Dr. Etzrodt
Herrn Schwarz
    zur gefl. Kenntnis.
    28.1.46

Büro Dr. v. Witzleben
Eing. 28. JAN. 1946

Abschrift.

Telegramm

Gera, 26.1.46
Wernerwerke für Direktion.

Werkskommandant teilt mit, daß Werk Gera unter Sequester gestellt. stop Sequester Werkskommandant, Betriebsleitung bleibt. Brieffolge.

Nottebrock.

Es ist soweit! Betriebsleiter Nottebrock informiert die Berliner Zentrale am 26.1.1946 über die erfolgte Zwangsverwaltung durch die sowjetische Besatzungsmacht.

Demontage 1948: Die Ausrüstung ging zunächst an den Umschlagplatz Alexandrowsk, von dort nach Leningrad.

Wiedergefunden: Dieses Gerät zum Messen der Papierdicke wurde im Rahmen der Demontage 1948 nach Leningrad gebracht und befindet sich noch heute im Besitz des Petersburger Kondensatorherstellers ELKOD.

75 bis 80 % aus; beide Male rappelten sich die Kondensatorenwerker wieder auf, restaurierten Anlagen, improvisierten wo möglich aus Verbliebenem, und setzten die Fertigung erneut in Gang.

Mehr noch: In all den Wirren realisierten die Entwickler des (Noch-)SIEMENS-Werkes zwischen 1946 und 1948 erfolgreich eine bahnbrechende Neuerung: die Entwicklung des ersten metallisierten Styroflex-Kondensators, damit also der ersten Kondensatormetallisierung auf Kunststoff-Folie.

Nachdem der Betrieb bereits am 26. Januar 1946 unter sowjetische Zwangsverwaltung gestellt worden war, wurde er per SMA-Befehl vom 2. November 1946 formell von der Sowjetunion als Reparationsleistung übernommen und einer Sowjetischen Aktiengesellschaft für Elektrotechnik namens „Isolator" angegliedert; als solcher hatte er wiederum Reparationsleistungen in Form von Kondensatorlieferungen zu erbringen.

links: Das Tor Parkstraße gegen Kriegsende. Der bewaffnete Posten gibt nach wie vor Rätsel auf: Rotarmisten trugen keine Hemden. Deutscher Werkschutz? Amerikanischer GI?

Hier in der Teilefertigung sind die Spuren der Demontage noch zu sehen. Doch etwas ist geblieben, und damit der Neustart gesichert. (Der Kopf des Mannes an der Werkbank links wurde übrigens nicht demontiert. Er hat sich nur im Moment der Aufnahme ruckartig bewegt.)

Die ersten Jahre
des VEB Kondensatorenwerk Gera

Die kärglichen Überbleibsel nach der zweiten Demontage wurden am 14. Juni 1948 an die deutsche Seite übertragen und in einem Festakt am 20. Oktober 1948 „feierlich in die Hände des deutschen Volkes übergeben": der verstaatlichte Betrieb agierte von da an unter der neuen Bezeichnung „Volkseigener Betrieb Kondensatorenwerk Gera" (K-W-G) und wurde sogleich der Leipziger „Vereinigung Volkseigener Betriebe Radio- und Fernmeldetechnik R-F-T" zugeordnet. Obwohl sachlich eigentlich nicht korrekt, bürgerte sich unter den Geraer Einwohnern dennoch auf viele Jahre der Kurzbegriff „RFT" als Synonym für das Kondensatorenwerk ein.

Waren auch fast alle Ausrüstungen verloren - die Kondensatorenwerker, ihr Wissen, ihre Erfahrungen waren geblieben. Voller Enthusiasmus vollzogen sie zum vorläufig letzten Mal den Neustart. Schon seit August liefen wieder fünf Wickelmaschinen, und bis zur VEB-Gründung waren bereits wieder 229.470 Wickel und 150.600 Kondensatoren produziert worden.

Als nahezu alleiniger ostdeutscher Hersteller von Niederspannungskondensatoren erfuhr das Kondensatorenwerk Gera nun einen rasanten Aufschwung. Schon 1949 nahm ein verbessertes, kombiniertes Nieder-/Hochvoltbad Marke „Eigenbau" zur Formierung von Folien für Elektrolytkondensatoren den Betrieb auf; es wurde zum

Nicht mehr viel übrig: Der Kobau war – wie nahezu alles andere auch – komplett leer geräumt.

Festveranstaltung zur VEB-Gründung: Am Tisch der Bürgermeister Böhme (2.v.l.) mit dem Chef der VVB RFT, Voigt.

Die Wickelei für Elektrolyt-Kondensatoren um 1950: Das Wickeln war Hand-, und vor allem Frauenarbeit.

RFT

Die Gemeinschaftsmarke „Rundfunk- und Fernmelde-Technik" galt vielen Geraern lange Zeit als Kurzname des Kondensatorenwerkes.

Der „Televisor T2 Leningrad", hergestellt als Reparationsleistung im Sachsenwerk Radeberg.

Dabeisein ist alles: Das K-W-G zeigt auf der Leipziger Messe seine neuen Leistungskondensatoren (um 1955).

Vakuumkessel für die Öl-Imprägnierung von Papierkondensatoren.

links: Nach den umfangreichen Demontagen mußten nahezu alle wichtigen Produktionsmittel neu konstruiert und erstellt werden. Bedampfungsanlage zur Metallisierung von Papier, 1950.

ersten bedeutenden Neubau einer Betriebsanlage in der sowjetischen Besatzungszone. Ebenfalls neu errichtete Einrichtungen zur Aufrauhung von Aluminiumfolien im Standätzverfahren ermöglichten es den Kondensatorenbauern erstmals, Hochvolt-Elektrolytkondensatoren mit deutlich erhöhter Kapazität anzubieten.

1949 realisierte man auch den ersten eigenen Export des K-W-G: Im noch recht bescheidenen Umfang von 32.000 Mark wurden Kabelausgleichskondensatoren für die Fernmeldetechnik in die Sowjetunion verkauft. Diesen folgten schon bald bedeutendere Ausfuhrgeschäfte. So lieferte der Betrieb zwischen 1950 und 1954 hunderttausende Elektrolytkondensatoren für das sogenannte Televisor-Programm der SAG Sachsenwerk Radeberg, deren erstes Fernsehgerät „T2 Leningrad" zum Exportschlager in die UdSSR wurde.

1951 gelang es endlich, die seit der ersten Demontage unterbrochene Herstellung von ölimprägnierten Glättungskondensatoren, MP-Gleichspannungskondensatoren und Papierkondensatoren im Keramikrohr wiederaufzunehmen. Als sich der energieknappe ostdeutsche Staat Anfang der 50er Jahre auf die

Die bereits in den 40er Jahren erworbenen Gebäude in der Ebelingstraße werden ab Anfang der 50er Jahre erneut für die Ausweitung der Fertigung genutzt.

Die Großko-Fertigung, hier eine Aufnahme aus den 60er Jahren.

Ölgefüllte Phasenschieberkondensatoren aus der zweiten Hälfte der 50er Jahre.

Styroflexkondensatoren gab es sowohl mit Metallfolien als auch bereits mit metallisierter Kunststofffolie. Die Grundlagen für letztere wurden 1946 bis 1948 gelegt.

Kondensator mit Gütezeichen „1". Diese Gütezeichen wurden vom DAMW vergeben.

Vorteile einer flächendeckenden Blindstromkompensation besann, stieg das Kondensatorenwerk Gera in großem Maßstab in die Herstellung von Phasenschieberkondensatoren ein. Für die dazu unumgängliche Imprägnierung mit Chlordiphenyl („Chlophen" bzw. „Orophen") wurden in den Jahren 1951 und 1952 in der benachbarten Ebelingstraße 6 durch Um- und Ausbau von Produktionsgebäuden der ehemaligen Radiologischen AG die passenden Fertigungs- und Forschungskapazitäten geschaffen. Das Werk expandierte auch überregional: 1952 entstand in Görlitz mit maßgeblicher Unterstützung aus Gera eine neue Fabrik zur Fertigung von Rohr- und Blockkondensatoren sowie von Polystyrol- und kleinen Papierkondensatoren. Nach der offiziellen Deklarierung des Kondensatorenwerkes Gera zum DDR-Leitbetrieb für Kondensatoren erfolgte eine gezielte Arbeits- bzw. Sortimentsaufteilung zwischen Gera, Görlitz und dem 1947 gegründeten, ebenfalls auf Kondensatorenfertigung ausgerichteten Elektroindustriewerk Freiberg.

Die branchenweite Bedeutung des Geraer Betriebes erwies sich ein weiteres Mal im April 1956, als im Gebäudekomplex Parkstraße die Außenstelle 68 der Fachabteilung Elektrotechnik Dresden des Deutschen Amtes für Meßwesen und Warenprüfung (DAMW, ab 1973 ASMW) Einzug hielt. Diese bestand bis 1989 und führte Klassifizierungsprüfungen für alle vorlage- und prüfpflichtigen Festkondensatoren (außer Keramikkondensatoren) durch. Im Dezember 1970 wurde sie mit Siegelvollmacht ausgestattet und konnte von da an eigenverantwortlich Gütezeichen erteilen und gesiegelte Prüfzeugnisse ausstellen. Außerdem realisierte diese Außenstelle Approbationsprüfungen für Importerzeugnisse, bevor diese für die Verbreitung in der

Die Idee des ersten eigenen Firmenlogos wurde nach Diskussion in der Betriebszeitung „Der Funke" geboren.

1958: Das neue Signet wird durch weltweite Registrierung geschützt.

Die Überschwemmungen des Jahres 2013 weckten bei älteren Geraern Erinnerungen an das große Hochwasser von 1954. Es verwandelte auch das gesamte Werksgelände zwischen Park- und Ebelingstraße in einen See.

DDR zugelassen wurden. Mit konkretem Blick auf ihren Gastgeber analysierte die Außenstelle gemeinsam mit der Qualitätsabteilung des K-W-G regelmäßig das Qualitätsgeschehen im Betrieb und veranstaltete Betriebskontrollen. Bei Beschwerden von Abnehmern wurden entsprechende Abstellmaßnahmen festgelegt.

1954 erzielten die Geraer Entwickler weitere Fortschritte bei der Umstellung von Papierkondensatoren auf wesentlich kleinere Folienkondensatoren (Styroflex). Seit dem Frühjahr prangte als Zeichen gewachsenen Selbstbewußtseins auf den Kondensatoren neben der bisherigen Verbandsmarke „RFT" mit Betriebsnummer „904" das erste eigene Logo: ein „G" in einem durch ein Kondensatorsymbol unterbrochenen Kreis. Allerdings wurde dieser erste Ansatz eines eigenen Markenzeichens bereits im April 1958 von einem neuen Logo abgelöst, welches den Betrieb nun bis in die zweite Hälfte der siebziger Jahre hinein begleiten und über die nächsten zwanzig Jahre hinweg zu nationaler und internationaler Geltung gelangen sollte: Das „G" ist nun durchbrochen von vier waagrechten Linien, welche ein mehrlagiges Dielektrikum symbolisieren.

Und die Parkstraße brachte nicht nur Kondensatoren und Spulenkerne hervor. Zwischen 1954 und 1960 versuchte man sich neben Spielsachen wie Eisenbahnbrücken und Turmdrehkränen auch an Schaukästen und, so seltsam es auch klingen mag, elektromechanischen Sensen-Denglern (wohl dem, der heute noch weiß, was das ist). Dem Kondensatoren-Metier schon eher verwandt waren da die 54.212 Hochtonlautsprecher

Produktkatalog von 1953

„Fliegengewicht": Eines der seltenen Exemplare des Blitzgerätes befindet sich heute im Stadtmuseum Gera.

Der 25-jährige Praktikant Pao Chi-Kwung mit Entwicklungsingenieur Wilhelm Benesch in der „technischen Stelle" des K-W-G.

Wahrscheinlich noch das Originalschild: „718 Kondensatorfabrik".

Peking 2013: Teile der Nr. 718 produzieren noch immer.

Einige der sehenswerten Werkhallen beherbergen heute moderne chinesische Kunst.

und der ganz besondere Renner des Jahres 1955: das Fotoblitzgerät „Pionier", mit nur 2,8 kg deutlich leichter, obgleich noch immer nicht sonderlich handlicher als andere Blitzgeräte seiner Zeit; mit insgesamt 1569 produzierten Geräten blieb auch dies allerdings nicht mehr als eine Episode. In den darauffolgenden Jahren kamen solche „Nebengeschäfte" dann vollständig zum Erliegen.

Noch selbst an den Folgen des Krieges zehrend, leistete die DDR 1956-1957 ihrerseits Entwicklungshilfe in Fernost. 157 ostdeutsche Architekten und Ingenieure beaufsichtigten in Peking den Aufbau der legendären Fabrik Nummer 718: das gigantische Elektrokombinat vereinte auf einer Fläche von 500.000 m² verschiedenste Fertigungen für Radiokomponenten der Rundfunk- und Nachrichtentechnik. Und so zogen 1956, im Anschluß an die einjährige Aspirantur von bis zu 17 chinesischen Fachleuten im K-W-G, zehn Kondensatorspezialisten ihrerseits für mehr als ein Jahr in die chinesische Hauptstadt, um in einer der stattlichen Werkhallen im Bauhausstil den Aufbau von Metallisierung und Kondensatorfertigung zu organisieren. Der Gebäudekomplex dieser riesigen Mammutfabrik ist inzwischen zu einem Zentrum für moderne Kunst und Kultur mutiert; mittendrin werden in einigen Teilen sogar noch immer Keramikkondensatoren gefertigt. Eine Reise nach China, ja selbst ein längerer Aufenthalt im Reich der Mitte sind heute nichts besonderes mehr. Der freiwillige Transfer von Know-How hingegen ist nicht sehr populär. Damals war es genau umgekehrt.

Für den ersten Nachformier-automat erhielt Erfinder Franke ein Patent.

Die Herstellung des zehnmillionsten Rauhelkos wurde gebührend inszeniert und gefeiert.

„Sternchen", das erste ostdeutsche Transistorradio. Deutlich sind die drei Elkos aus Gera zu sehen. Allein 1959 gingen 200.000 Miniaturelkos in diese Geräte ein.

In der Umbruchsstimmung der späten fünfziger und frühen sechziger Jahre überlagerten sich nun mehrere Trends. Es florierte in Gera zum einen die Fertigung von Elektrolytkondensatoren (im Werksjargon kurz: „Elkos"). Allerorten waren nun insbesondere leiterplattenfähige Kleinstkondensatoren gefragt. Die ersten 4mm-Miniaturelkos aus Gera fanden ihre Verwendung 1957 in Hörgeräten des Funkwerkes Kölleda. Sie gehörten unter anderem auch zu den kompakten Innereien des ersten DDR-Transistorradios, des legendären „Sternchen". 1958, im zehnten Jahr als volkseigener Betrieb, feierte die Belegschaft dann auch die Produktion des zehnmillionsten Elektrolytkondensators mit Rauhfolie. Zum anderen erlebten insbesondere die metallisierten Wickelkondensatoren einen deutlichen Entwicklungsschub: für die rasch wachsende Miniatur-Elektronik, v. a. in der Nachrichten- und Messtechnik, brachten die Ingenieure des K-W-G als weltweit zweite (nur SIEMENS war schneller) Lackfilm-Kondensatoren auf den Markt, bei denen eine hauchdünne Lackschicht als Dielektrikum diente; die neuen Kondensatoren, welche 1963 in Großserie gingen, kamen mit nur 10 bis 15% des Volumens herkömmlicher Metall-Papier-Kondensatoren aus. Die für die Herstellung benötigte Technik wurde mangels industrieller Quellen im Rationalisierungsmittelbau des Betriebes komplett selbst entwickelt und hergestellt. Ab 1959 lösten zudem Wickelautomaten aus Dresdner Produktion die bisherigen Handwickelmaschinen ab.

Im Zuge des steil ansteigenden Bedarfes für Wechselspannungskondensatoren mit metallisiertem Papierdielektrikum („MP") geriet nun auch eine grundlegende Modernisierung und Erweiterung der noch auf SIEMENS-Verfahren aus den 40er Jahren beruhenden Metallisierung in den Fokus. Da insbesondere in den ersten Jahren nach Errichtung der Berliner Mauer

Der ewige Rivale: In den ideologiegeprägten fünfziger Jahren muß der Name SIEMENS ständig als Feindbild herhalten.

Fünf Bedampfungskammern Made in GDR standen bis in die 70er Jahre hinein im Kellergeschoß der Ebelingstraße.
links:
1963 neu erbaut - das Gebäude am Haupteingang Parkstraße

Westimporte komplexer Technik bewußt zurückgeschraubt wurden (man fürchtete, solches könnte dem Westen bei Ersatzteilbedarf als Druckmittel dienen), veranlaßte die übergeordnete Vereinigung Volkseigener Betriebe (VVB) die Eigenentwicklung von Vakuumbedampfungsanlagen durch einen ihr ebenfalls angeschlossenen Sondermaschinenhersteller in Gornsdorf; derer fünf erhielten bis Mitte der sechziger Jahre in der Ebelingstraße ihren Platz. Für die Metallisierung von Lackfilm entschied man sich dann aber im Oktober 1964 doch für den Import einer westdeutschen Heraeus-Anlage.

Nach der Einweihung eines großen Fabrikneubaus in der Parkstraße zu Anfang 1963 und der Eröffnung eines weiteren Standortes in Gera-Untermhaus 1964 öffnete im September des darauffolgenden Jahres eine eigene Betriebsschule zur umfassenden Lehrlingsausbildung und Mitarbeiterqualifizierung. Das K-W-G gab die Fertigung von Niedervolt-Elektrolytkondensatoren vollständig an den Schwesterbetrieb in Freiberg ab und konzentrierte sich jetzt gezielt auf die Entwicklung und Herstellung von Lackfilm-, Metallpapier-, MP-Wechselspannungs- und Hochvolt-Elektrolytkondensatoren. Bei letzteren bestimmten die Geraer einmal mehr die Weltspitze mit, als sie Mitte der 60er als erste und – was besonders gefeiert wurde – noch vor Rivale SIEMENS eine neue Generation von schaltfesten Elkos vorstellten. Infolge weiterer Sortimentsstraffungen und erfolgreicher Exportgeschäfte etablierte sich der Betrieb zunehmend als Spezialist für Leuchten-, Motor- und Blindstromkondensatoren.

Eine Million Schaltungen muß der schaltfeste Elko mindestens aushalten. Zu den Stammkunden gehört der Lokomotivbau Elektrotechnische Werke Hans Beimler in Hennigsdorf, wo Sets von 30 bis 40 solcher Kondensatoren verschaltet werden.

Zwei frühe Referenzobjekte: Hotel Rossija und RGW-Gebäude in Moskau.

MP-Wechselspannungskondensatoren wie dieser wurden in den Moskauer Prestigeobjekten verbaut.

Katalog für Hochspannungskondensatoren, 1962

Die Rekonstruktion und Erweiterung der MP-Fertigung bewirkte in den 60er Jahren neben der beabsichtigten erhöhten Arbeitsproduktivität auch eine wesentliche Verbesserung der Arbeitsbedingungen.

Für die Wickelei nur das Beste: Wickelautomat der Hamburger MAG für große Durchmesser.

Mit besonderem Stolz wurden 1966 36.000 Leuchtenkondensatoren für die neue Zentrale des „Rates für gegenseitige Wirtschaftshilfe" der Ostblockstaaten (RGW) in Moskau geliefert. Als weiteres Prestigeobjekt galt die Ausstattung des damals größten Hotels der Welt, des ROSSIJA in Moskau, mit 5.200 Wechselspannungskondensatoren. Zwischen 1965 und 1970 vervielfachte sich der Verkauf von Motorkondensatoren von 659.294 auf 2.498.603, bei Leuchtenkondensatoren von 151.931 auf 1.644.055 Stück.

Dementsprechend erweiterten die Geraer Kondensatorenwerker ab 1967 erneut ihre MP-Fertigung durch eine neue Fertigungslinie sowie leistungsfähigere, vom westdeutschen Hersteller Leybold importierte Imprägnieranlagen; sie galten, nach nochmaliger Aufstockung durch zahlreiche Kammern von Leybold-Heraeus 1973/74 europaweit als modernste ihrer Zeit. Ab 1974 wurde das K-W-G auch immer regelmäßiger mit modernen Wickelautomaten westlicher Bauart bedacht. Bis zum Ende der DDR 1990 gelangten insgesamt 19 Automaten des Schweizer Branchenprimus METAR in die Geraer Wickelei, ergänzt durch mehrere Spezialwickelmaschinen für Großwickel von MAG aus Hamburg und etliche italienische Kleinwickelautomaten. Die Wirtschaftslenker der DDR trugen damit der enormen Rolle der Geraer Kondensatorenfertigung als Devisenbringer für den ostdeutschen Staat Rechnung: vor allem mit den Leuchten und Motorkondensatoren erzielte der Betrieb deutlich wachsende Umsätze insbesondere mit west- und nordeuropäischen Kunden.

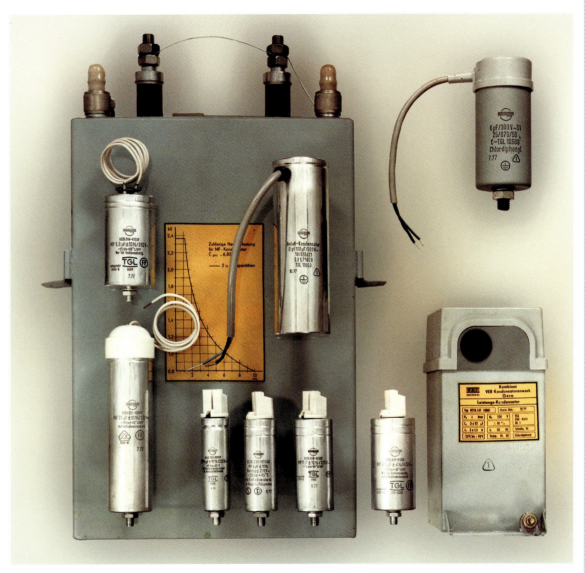

Unter den Wechselspannungskondensatoren sind es vor allem die MP-Leuchten- und Motorkondensatoren, welche in den 70er Jahren für steigende Exporte sorgen.

Ab Anfang der siebziger Jahre wird das Kondensatorenwerk wiederholt mit modernsten Wickelmaschinen der Schweizer Firma METAR ausgestattet. Die Maschinen kommen auf zum Teil recht verschlungenen Wegen in die DDR.

> Betrifft:
>
> Werte Kollegin, werter Kollege!
>
> Mit Wirkung des 1. Januar 1970 schließen sich die Betriebe
>
> VEB Kondensatorenwerk Gera
> VEB Kondensatorenwerk Freiberg
> VEB Kondensatorenwerk Görlitz
>
> zu einem Betrieb zusammen. Dieser Betrieb wird ab gleichem Zeitpunkt dem Kombinat VEB Elektronische Bauelemente Teltow angegliedert.
>
> Diese im Rahmen des Konzentrationsprozesses in der sozialistischen Volkswirtschaft erfolgende Maßnahme hat tatsächlich keine Auswirkung auf Ihr bestehendes Arbeitsrechtsverhältnis. Das Kombinat VEB Elek-

links: Betriebsdirektor Schmidt informiert die Belegschaft über die Zusammenlegung mit den Kondensatorenfabriken Freiberg und Görlitz und Eingliederung ins Kombinat EB Teltow zum Jahresanfang 1970.

„Willkommen in Umstrukterode" – die Kombinatsjahre

Nicht selten wurde in der DDR das Schicksal von Betrieben auf dem Reißbrett entworfen, am „grünen Tisch" entschieden. Nun schadet es ja nicht, neues zu wagen und auch in der Praxis auszuprobieren; was aber ab 1969 mit dem Geraer Kondensatorenwerk und seinen Schwesterbetrieben in Görlitz und Freiberg angestellt wurde, mutet rückblickend an wie ein Schildbürgerstreich:

31.12.1969: Der VEB wird aufgelöst und verliert seine juristische Selbständigkeit; stattdessen wird er mit den Kondensatorenwerken Görlitz und Freiberg vereinigt und in das Kombinat VEB Elektronische Bauelemente Teltow eingegliedert. Auf den Katalogen erscheint die nebulöse Bezeichnung „Betrieb Kondensatorenwerk Gera".

Februar 1972: Irgendwie scheint das nicht so recht zu funktionieren. Als VEB Kondensatorenwerk Gera wird der Betrieb wieder selbständiger Rechtsträger, verbleibt aber im Kombinat Teltow.

31.12.1972: Das KWG wird wieder aus dem Teltower Kombinat ausgegliedert. Der Anschluß an EB Teltow war wohl doch nicht so eine gute Idee. Probieren wir mal was anderes: Das Werk ist ab 1.1.1973 Stammbetrieb eines neugegründeten „Kombinates VEB Kondensatorenwerk Gera" und Rechtsträger der unterstellten Schwesterbetriebe Görlitz und Freiberg.

1.1.1977: Versuch macht klug: Durch Zusammenschluß mit dem „Werk Elektronik Gera" des Kombinates Keramische Werke Hermsdorf und einem Zweigwerk für Gerätefertigung des Jenaer Carl-Zeiss-Betriebes entsteht der VEB Elektronik Gera, nach wie vor als Stammbetrieb des Kombinates der Kondensatorenbetriebe, welches nun aber ebenfalls in „Kombinat VEB Elektronik Gera" umbenannt wird.

Alles war eben nur ein Versuch: Im Februar 1978 wird das Kondensatorenkombinat im Rahmen erneuter Umstrukturierungen der DDR-Elektroindustrie aufgelöst, der VEB Elektronik Gera wie auch die beiden

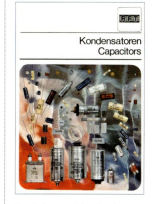

Das G-Logo auf den Katalogen ist der Verbandsmarke RFT gewichen, findet sich aber nach wie vor auf den Kondensatoren.

Die erste vom Ardenne-Institut konstruierte Bedampfungsanlage FOBA 500/1 konnte Dielektrika bis zu einer Breite von 500 mm metallisieren.

Diese Wickel- und Montageautomaten von Plessey (Italien) dienten am Standort Weinbergstraße seit 1974 zur Herstellung von Kleinkondensatoren in MKC, MKT, MKPi und MKL-Technologie; sie wurden 1987 mitsamt Sortiment nach Görlitz verlagert.

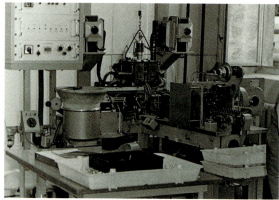

VEB ELEKTRONIK GERA

6500 Gera, Parkstraße 3

Nach dem Wiederanschluß an das Kombinat EB Teltow gibt es wegen des Festhaltens am eigenen Logo Krach mit der Zentrale: Immerhin darf es in der Folge bleiben, doch die Paarung mit dem RFT-Logo wird wieder verbindlich.

anderen Kondensatorenwerke in Freiberg und Görlitz abermals ins Kombinat Elektronische Bauelemente Teltow eingegliedert; wenigstens bleiben sie aber diesmal als Einzelbetriebe juristisch selbständig.

Trotz all dieser organisatorischen Kapriolen verzeichnete die Kondensatorenfertigung weitere Erfolge: schon seit Beginn der siebziger Jahre kooperierten die Geraer Kondensatorenbauer eng mit dem Dresdner Ardenne-Institut auf dem Gebiet der Papier- und Foliebedampfung. Die technische Entwicklung setzte zunehmend auf Kondensatoren mit metallisierten Dielektrika, und so entschied sich die Wettbewerbsfähigkeit neuer Kondensatorentwicklungen an den Möglichkeiten der Metallisierung. Für die chronisch devisenknappe DDR war darüber hinaus die Ablösung von Folienimporten aus dem westlichen Ausland von strategischer Bedeutung.

Bereits 1972 wurde in der Weinbergstraße die erste mit dem Ardenne-Institut entwickelte Bedampfungsanlage FOBA 500/1 zur Aluminium-Metallisierung von lackiertem Papier für sogenannte Lackfilm-Kondensatoren (MKL), Polyester (MKT) und Polycarbonat (MKC) installiert. 1974 ermöglichte ein neues Bedampfungsverfahren die Vereinheitlichung der verwendeten Papiersorten und damit eine deutliche Erhöhung der Effizienz. Nachdem bereits 1968 die Fertigung von MKC-Kondensatoren (metallisierte Polycarbonatfolie) begonnen hatte, fiel 1975 der Startschuß zur Entwicklung von Motor- und Kompensationskondensatoren für Hersteller von Weißer und Brauner Ware sowie Leuchtenproduzenten, auf Basis der seitdem bis heute allgemein gebräuchlichen Polypropylenfolie (MKP). Mit der großflächigen Produktionseinführung Anfang der achtziger Jahre gelang eine Reduzierung von Volumen und Masse um

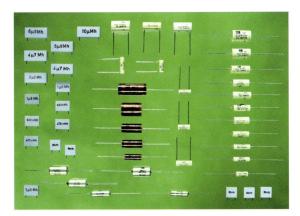

Das Hauptsortiment des Standorts Weinbergstraße: Lackfilm (MKL)-, Polycarbonat (MKC)- und Polyesterkondensatoren (MKT).

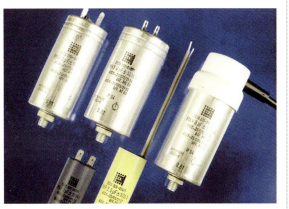

Rarität: Das Foto (1981) zeigt drei Kondensatoren mit der anfänglichen Beschriftung „MKV". Nach Markenstreitigkeiten mit Wettbewerber SIEMENS wurde die Bezeichnung geändert in „MPP".

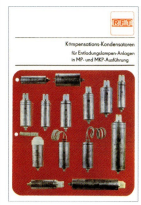

Sie sind nun die erfolgreichsten Exportartikel und Devisenbringer: Motor- und Leuchtenkondensatoren in MP- und MKP-Technologie.

50 % bzw. 60 %; die Verlustleistung der neuen Kondensatoren betrug nur noch ein Viertel im Vergleich zur bisherigen Papiertechnologie. Neue Funkentstörkondensatoren konnten gar auf ein Zehntel des bisherigen Volumens geschrumpft werden.

1976 folgte die Neuentwicklung von Polyester- und Tantal-Niedervoltkondensatoren sowie Anfang der achtziger Jahre von MKV-Kondensatoren, welche die Vorzüge des Metallisierungsträgers Papier und des verlustarmen Polypropylendielektrikums auf neue Weise miteinander verbanden und weitere Leistungssteigerungen bei gleichzeitiger Volumenreduzierung ermöglichten. Aus markenrechtlichen Gründen (der Begriff MKV war bereits durch Urahn SIEMENS belegt) wurde diese Technologie durch die Geraer - und die ebenfalls mit metallisiertem Papier aus Gera versorgten Kollegen der Berliner ISOKOND - unter der Bezeichnung MPP („metallisiertes Papier mit Polypropylendielektrikum") vermarktet. Was nicht ohne Tücken war. In den neunziger Jahren sollte diese Bezeichnung noch regelmäßig für Verwirrung bei indischen Kunden sorgen: dort steht „MPP" für „metallisiertes Polypropylen"...

Der Betriebsteil Gera Weinbergstraße war vor allem auf die Fertigung leiterplattenfähiger Kondensatoren spezialisiert.

„Goebbelsschnauzen" Made in GDR: Der VEB Elektronik fertigte diese skurrilen Nostalgieradios vor allem für westdeutsche Versandhäuser wie Neckermann.

Ein Frontlader-Kassettendeck aus der Geracord-Serie.

Auch der Geracord GC6010/..20/..30 verkaufte sich sehr gut - in Ost und West.

Schlichtes Teil: Minett hieß der erste aus einer ganzen Serie von Kassettenrekordern.

Geduld und flinke Finger: Blick in die Montage des Minett-Kassettenrekorders

Seit 1977 läuft die gesamte Produktion mit neuem Logo. Ein wachsender Anteil des Sortimentes Wickelkondensatoren wird bereits ohne PCB-haltige Imprägniermittel gefertigt, doch noch sind gerade die großen Leistungskondensatoren mit Chlordiphenyl gefüllt.

Die Bildung des VEB Elektronik Gera

„Zur Erreichung eines hohen Leistungs- und Effektivitätszuwachses ist ein einheitlicher elektronischer Betrieb in der Stadt Gera zu bilden", hieß es im zentralistischen Planerdeutsch der offiziellen Direktive zum Fünfjahrplan der DDR 1976-1980. Dies war der Auslöser für die bereits erwähnte Gründung des Kombinates VEB Elektronik Gera, mit dem Ziel, unter dem Dach des neuen Großbetriebes die Fertigung von Kondensatoren aller Couleur, Ferritkernspeichern für Datenverarbeitungsanlagen und Kassettenrekordern für den Bevölkerungsbedarf zu konzentrieren. Da es seit 1939 in der Geraer Südstraße mit dem Zweigwerk der Keramischen Werke Hermsdorf (KWH, vormals: HESCHO AG) bereits einen weiteren Hersteller von Kondensatoren – genauer gesagt: Keramik- und Minifolienkondensatoren, Trimmer, Filter – gegeben hatte, entbehrte dieser Schritt in Bezug auf die Kondensatoren nicht einer gewissen Logik. Selbst die Fertigung von Ferritkernspeichern, durch ein weiteres Zweigwerk der Hermsdorfer in der Fucikstraße eingebracht, schien noch einigermaßen ins Portfolio zu passen. Die Eingliederung der bereits ein Jahr zuvor aus einem Carl-Zeiss-Werk für Magnetbandspeicher in den KWH-Betrieb eingeflossenen Laufwerks- und Gerätefertigung (sie produzierte insbesondere Steckeinheiten für EDV-Anlagen, Kassettenlaufwerke und -geräte wie den „MINETT" oder den ab Mai 1977 laufenden Rekorder „MIRA") hatte jedoch gar nichts mit dem Profil eines Kondensatorenwerks zu tun und blieb bis zum Ende ein künstliches Konstrukt, wenngleich sie dem Betrieb durch diese fassbaren

Das „E"-Logo, 1977 für das Kombinat VEB Elektronik Gera registriert, trägt bald den Spitznamen „umgefallener Tisch".

Im ehemaligen HESCHO-Werk in der Geraer Südstraße bestand seit 1939 eine Kondensatorenfertigung der Keramischen Werke Hermsdorf.

Die betriebseigene Berufsschule „Edwin Morgner" bot neben der regulären Ausbildung auch eine Berufsausbildung mit Abitur an.

Betriebsdirektor Kurt Fritzsch legt den Grundstein für den neuen Fertigungskomplex an der F92, heute das Hauptwerk von ELECTRONICON.

Der Haupteingang des neuen Werkes

Produkte nun zu einer deutlich breiteren Wahrnehmung im öffentlichen Bewußtsein verhalf.

Zusammen mit den 470 Kolleginnen und Kollegen des schon sechs Jahre zuvor auf dem Gelände einer ehemaligen Hühnerfarm neugegründeten Betriebsteils Prenzlau, die mit den dort gefertigten Funkentstörkondensatoren und Sonderkondensatoren für Kfz und Anlagenbau nahezu den gesamten Bedarf der DDR und des Ostblocks abdeckten, und über tausend in Lobenstein/Lehesten und Ronneburg hinzugekommenen Beschäftigten aus der KWH-Mitgift „EDV-Kerne und -Speicher" vereinigte der neue Großbetrieb nun eine Belegschaft von 5000 Menschen. Diese Zahl wuchs bis 1989 weiter auf über 7000 an.

Als der VEB Elektronik Gera infolge organisatorischer Schwierigkeiten bei der Zusammenlegung von KWG und Werk Elektronik im Frühjahr 1978 erneut direkt dem Kombinat Elektronische Bauelemente Teltow unterstellt wurde, war er mit einem Drittel der gesamten industriellen Warenproduktion die größte Wirtschaftseinheit innerhalb des Kombinats und sorgte außerdem für den Löwenanteil der Kombinatsexporte ins devisenbringende westliche Ausland; so kamen gegen Ende der DDR ca. 80 % aller Westexporte des gesamten Kombinats aus Gera. Dies waren insbesondere Wickelkondensatoren für Leuchten- und Motorenhersteller sowie die Kassettenrekorder der Geracord-Familie.

Von nun an wurden, wie es scheint, nur noch ganz große Brötchen gebacken. Mit dem Lehrjahr 1978/79 gründete der Betrieb seine Betriebsfachschule „Edwin Morgner", in der bereits im ersten Jahr 550 Lehrlinge in 60 Facharbeiter-Berufen herangebildet wurden. In den zehn Jahren bis zum Ende der DDR und Auflösung

In den neuen Produktionsstätten an der B92 wurden u.a. Kassettenrekorder, Laufwerke, Computer und Monitore gefertigt.

Die einstige Schaltzentrale eines Großbetriebes: Die „Tomate", kurz vor ihrem Abriß 2013

der Berufsschule absolvierten hier insgesamt über 3600 Berufseinsteiger ihre Ausbildung.

Im Oktober 1978 erfolgte der erste Spatenstich für einen neuen Werkskomplex an der heutigen B92: er umfaßte zwei fünfstöckige Produktionsgebäude mit einem Verbindungsbau für Sintertechnik, ein weiteres Produktionsgebäude mit Anbau für die Medienversorgung, eine Kantine für 1200 Essen, sowie ein Eingangsgebäude mit integriertem Betriebsambulatorium. Zwischen August 1980 und Ende März 1981 siedelten rund 2000 Mitarbeiter in dieses neue Domizil der Gerätefertigung (v.a. Kassettenrekorder, Laufwerke) und Herstellung von verschiedensten Keramikkondensatoren um. Hier und in den Produktionsstätten von Lobenstein und Lehesten wurden allein von 1981 bis 1986 rund 500.000 Kassettenrekorder der Typen Mira und Geracord (nahezu die Hälfte dieser Geräte ging in den Export) sowie Millionen von Kassettenlaufwerken für nahezu den gesamten DDR-Bedarf gebaut. Anlaß zu geradezu galaktischem Stolz lieferte das Gerät Mira, als es 1983 den Test in der Schwerelosigkeit an Bord der sowjetischen Raumstation Salut 7 bestand. Über den Verbleib dieses Exemplars ist leider nichts mehr bekannt; immerhin dürften es weltweit nicht mehr als eine Handvoll Hersteller geschafft haben, eines ihrer Geräte in solche Höhen zu katapultieren.

Auch am traditionellen Standort in der Parkstraße wurde ab 1981 wieder gebaut: Neben einem neuen Mehrzweckgebäude für die Forschung und Entwicklung entstand 1982 die „Tomate", das neue Direktionsgebäude in der Parkstraße 3, mit diesem Spitznamen bedacht wegen seiner roten Glasfassade.

Weltraumerprobt, und allgegenwärtig als Diktiergerät; das Kassettengerät MIRA war seit 1977 im Programm.

Für Grundlagenforschungen verfügte die Entwicklungsabteilung über ein eigenes Elektronenmikroskop.

Hochrate-Sputteranlage zur Keramikbeschichtung - Weltspitzentechnologie, entwickelt gemeinsam mit dem Ardenne-Institut.

Der Microcomputer MC80; sein Magnetband-Massenspeicher nutzte die Topologie des Geracord. Der Preis lag bei ca. 29.000 Mark.

Datenblatt MC80 von 1983 unter Kombinatsfirmierung. Den Computer schrieb sich selbstverständlich das Kombinat Teltow auf die eigene Fahne.

Von Hochratesputtern und Computern

Seit Beginn der 1980er Jahre versuchte die DDR-Führung mittels verstärkter industrieller Automatisierung und Computerisierung der Wirtschaft, den Anschluß an die Weltwirtschaft zu wahren. Bei Elektronik Gera wurde jetzt vermehrt auf den Einsatz von Industrierobotern, die Modernisierung der EDV, computergestützte Prüfvorgänge und Erneuerung des Maschinenparks Wert gelegt. Wie bereits angedeutet, gelangten auf oft sehr verschlungenen Pfaden hochwertige Maschinen aus dem westlichen Ausland ins Werk, zahlreiche Maschinen und Anlagen bis hin zu ganzen Taktstraßen stammten aber auch aus dem eigenen Geschäftsfeld Rationalisierungsmittelbau. Hier waren zeitweise bis zu 100 Mitarbeiter beschäftigt. Nach dreijähriger Forschungszeit hob der VEB Elektronik Gera 1980 in einem gemeinsamen Entwicklungsprojekt mit dem Ardenne-Institut ein weltweit neuartiges Vakuum-Beschichtungsverfahren für Keramikkondensatoren aus der Taufe: die sogenannte Hochrate-Sputtertechnik sparte durch automatisierte Beschichtung mit unedlen Metallen ab 1981 jährlich Silber für 5 Millionen Mark, eine Wohltat für die Valutakassen der DDR.

Und mehr noch: der Geraer Stammbetrieb stieg nun auch selbst in die Entwicklung und Fertigung von Rechentechnik ein. Nachdem bereits 1981 von robotron Sömmerda, einem Teil des DDR-Leitbetriebes für die Computerherstellung, eine Fertigung von Bildschirmen nach Gera gekommen war, lief im September 1982 im Betriebsteil Gera-Fucikstraße die Serienfertigung des MC80 an. Dieses auch im internationalen Maßstab ziemlich moderne Konzept eines einheitlichen

  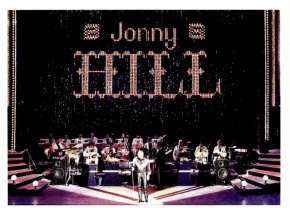 

Der MC80 in Einsatz im Berliner Friedrichstadtpalast.

Schön bunt, tonnenschwer, und einzigartig: Die computergesteuerte Lichtwand im Geraer Haus der Kultur übertraf alles bisher gesehene.

Die Geraer Variante, eine Art steinzeitlicher LED-Fernseher, konnte einen Bewegungsablauf simulieren und zog neidische Blicke aus Berlin auf sich. Selbst die Techniker des ZDF waren begeistert, als sie dieses Monstrum 1990 anläßlich der Vorbereitung einer Fernsehproduktion besichtigen konnten. So etwas leistete sich im Westen niemand, im Osten nach 1990 allerdings auch keiner mehr.

Computer-Gerätesystems basierte ursprünglich auf dem von der Technischen Hochschule Ilmenau entwickelten „MICROCOMBI", bestehend aus Tastatur, Bildschirm, Rechner, Magnetband-Massenspeicher sowie EPROM-Programmier- und Löschgerät. Computer standen auf den westlichen Embargolisten ganz oben, und die Staaten des Ostblocks waren dringend auf eigene Lösungen angewiesen, ja aufgrund der Devisenlage ohnehin daran interessiert. Mit den Jahren erwuchs aus dem Ur-MC80 eine ganze Familie von Rechnern und Logikanalysatoren. Der im Dezember 1984 in die Anwendererprobung gegangene MC80.30/31 war das erste vollgrafische Rechnersystem der Baureihe, und fand seine Verbreitung vor allem in der Prozess- und Robotersteuerung und an Konstruktionsarbeitsplätzen.

Die MC80 dienten mitunter auch für recht spektakuläre Zwecke. Zur Eröffnungsgala des „Neuen Friedrichstadtpalastes" 1984 in Berlin erstrahlte die Bühne durch eine Lichtwand aus 8000 Glühlampen, welche die Geraer Computertüftler mit einer rechnergestützten Lichteffektsteuerung (natürlich auf Basis MC80) ausgestattet hatten. Nun war es aus Geraer Sicht schon etwas ehrenrührig, daß das heimatliche Haus der Kultur, ebenfalls ein Kongress- und Unterhaltungstempel der achtziger Jahre, selbst über nichts dergleichen verfügen sollte. Drei Jahre später war der passende Anlass gekommen: zu Geras 750-Jahr-Feier bekam das Haus seine eigene Anlage, und schöpfte dabei aus dem Vollen: ein zentraler MC80.30 steuerte 42 vernetzte Mikrorechner; die 10.240 nunmehr farbigen Glühlampen (rot, blau, grün, weiß) konnten auf der 8 x 5 m großen Wand farbige Abläufe darstellen.

Endlich Platz: Ab 1983 wurden die Bedampfungsanlagen im neuen Metallisierungszentrum Gera-Pforten angesiedelt.

Kernkompetenz: Die Entstehung des Bedampfungszentrums Gera-Pforten

Schluß mit Orophen! Die MPP-Technologie ermöglichte eine Ablösung der gesundheitsschädlichen PCB-Imprägnierung bei gleichzeitiger Reduzierung der Abmessungen.

Von höchster Stelle forciert: Der Aufbau des Metallisierungszentrums war zentrales Projekt.

Inzwischen drehte sich das Programm an Wickelkondensatoren deutlich. Nachdem 1983 die alten, mit gesundheits- und umweltschädlichem Chlophen imprägnierten Wechselpannungskondensatoren auf Basis von Metallfolie/Papier kraft internationaler Vereinbarungen aus dem Verkehr gezogen worden waren, etablierten sich die beiden dielektrischen Systeme MKP und MPP endgültig als Kerntechnologien für Leuchten-, Motor- und Leistungskondensatoren.

Mit dem Sortimentswandel und generell steigenden Umsätzen stießen die eigenen Bedampfungsanlagen, welche größtenteils noch aus den sechziger Jahren stammten, gleichermaßen an ihre Grenzen. Mehr und mehr Material mußte entweder aufgrund technologischer oder kapazitätsseitiger Defizite aus dem westlichen Ausland importiert werden. Erneut war es vor allem das Ziel der Importablösung für metallisierte Folien und Papiere, welches den Ausschlag zum Handeln gab. Zwar waren schon seit den siebziger Jahren in engem Zusammenwirken mit dem Ardenne-Institut Dresden zwei neue Bedampfungsanlagen des Typs FOBA entwickelt und angeschafft worden. Auch hatte die Hanauer Leyboldt-Heraeus GmbH gegen Ende der siebziger Jahre eine neue Bedampfungsanlage A650 für die Metallisierung von Dünnstfolien geliefert, welche bis 1990 im Betriebsteil Weinbergstraße stand und vorrangig für die Fertigung von Polyesterkondensatoren arbeitete. Doch nun erfolgte von 1983 bis 1985 eine grundlegende Erweiterung mit dem Neubau eines Bedampfungszentrums in Gera-Pforten. Hierfür lieferte das Ardenne-Institut in Zusammenarbeit mit dem Ratiomittelbau des VEB Elektronik und dem VEB Hochvakuumtechnik Dresden 1985 die erste, weltweit einzigartige Elektronenstrahlbedampfunganlage vom Typ FOBA 800/1. Für die gab's 1985 sogar den Nationalpreis der DDR an das Entwicklerteam des Ardenne-Instituts. Anders als bei sonst marktüblichen Papierbedampfungsanlagen wurde hier das Metall nicht in Schiffchen verdampft, sondern durch den gezielten Beschuß mit einem Elektronenstrahl zum Sieden gebracht. Durch die Verweildauer des Elektronenstrahls ließen

Der Fußballklub der Kondensatorenwerker, die BSG Motor RFT, existierte bereits seit 1950. Die Mannschaft (hier ein Foto aus den 60er Jahren) erhielt 1984 mit dem firmeneigenen Sportplatz am Geraer Fuchsberg eine neue Spielstätte.

1989 gewinnt die Elektronik-Elf unter Trainer Srp mit 3:2 im Endspiel gegen Fortschritt Weida den FDGB-Bezirkspokal.

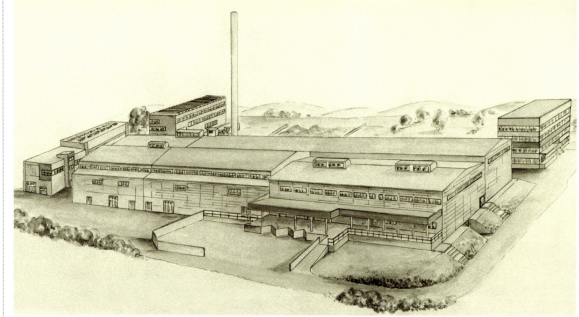

Der ganz große Plan: in Pforten sollte die Metallisierungszentrale für die Kondensatorenhersteller des gesamten Ostblocks entstehen.

sich Stärke und Konsistenz des Metallbelags steuern, welcher außerdem deutlich homogener geriet als mit herkömmlichen Verfahren. Diese Methode machte die Verwendung der aufwendig zu beschaffenden Verdampferschiffchen überflüssig, verlangte aber andererseits ein höheres Vakuum, was im Fertigungsprozess seine Tücken hatte. Wesentliche Schlüsselmodule dieser Anlage, wie die Hochspannungsversorgung und die Strahlführung, stammten aus dem eigenen Sondermaschinenbau der Elektronik Gera und avancierten in der Folgezeit sogar zu Exportartikeln an Interessenten im westlichen Ausland (u.a. in Japan). Bis 1989 fanden in Pforten zwei weitere Papierbedampfungsanlagen FOBA 800 von Ardenne, zwei Folienbedampfungsanlagen A500 und A800 von Leybold-Heraeus sowie Schneidmaschinen und eine Papiertrockenanlage des westfälischen Spezialisten KAMPF ihren Platz. Damit wurden nun Papiere und Kunststofffolien für den Eigenbedarf, Papier für Isokond Berlin sowie über 100 Tonnen Papier pro Jahr für weitere Kunden in Ost und West metallisiert. Zu den Kunden im westlichen Ausland gehörten u.a. amerikanische Firmen wie Aerovox, NWL und Maxwell, sowie die westdeutsche WIMA. Doch die Ziele waren noch weit höher gesteckt: das „Bedampfungszentrum Pforten Struktureinheit D", seit dem 1.1.1988 eigenständiger Betriebsteil mit 154 Mitarbeitern in Produktion, Technologie, Instandhaltung und eigener Forschung/Entwicklung, sollte nun zum zentralen Kompetenzträger und Versorger für die Kondensatorenhersteller des gesamten Ostblocks ausgebaut werden. Eine 1988 eigens in Pforten gegründete Fachgruppe der Kammer der Technik forschte an der Weiterentwicklung der Elektronenstrahltechnologie und, in Zusammenarbeit mit dem Institut für Physik der Friedrich-Schiller-Universität Jena, an der Anwendung von Lasertechnik bei der Folienkonfektionierung. Die am 29.4.1988 begonnene dritte Ausbaustufe des Bedampfungszentrums zielte auf die Verdreifachung der bisherigen Bedampfungskapazität.

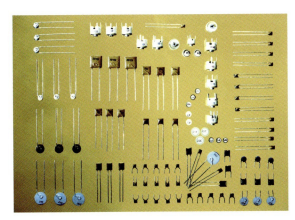

Keramikkondensatoren für die Leiterplattenmontage

Im Juli 1990 ging hier noch Ardenne's erste Folienbedampfungsanlage in der 800 mm-Serie (FOBA-800/5) in Betrieb; sieben weitere geplante Anlagen waren bereits in Teilen angeliefert worden, als im Sturme der politischen Umwälzungen in der DDR und ihren osteuropäischen Nachbarstaaten das gesamte Projekt plötzlich zum Erliegen kam. Doch auch diese Teile erwiesen sich in der Folgezeit als Glücksfall, dienten sie doch dem Nachfolgeunternehmen ELECTRONICON durch die 90er Jahre hindurch als wertvolle Ersatzteilquelle.

Auch im Bereich der Keramikkondensatoren rüstete der Betrieb in den 80er Jahren enorm auf: In der seit März 1984 an der heutigen B92 aufgebauten Keramischen Vorfertigung („Masseaufbereitung") wurden mit für damalige Verhältnisse modernster Technologie keramische Massen für bis zu 500.000 Kondensatoren pro Tag hergestellt, der Betrieb unabhängig von der Belieferung durch die Keramischen Werke Hermsdorf gemacht und auf diese Weise etwa 20 % der Materialkosten eingespart. Auch die Substitution von Importwerkstoffen spielte – wie so oft – eine wichtige Rolle. Mit 300 Millionen Stück Keramikkondensatoren pro Jahr wuchs der VEB Elektronik Gera bis 1989 zu einem der größten Lieferanten im Ostblock, und bestimmte bei 63V-Kondensatoren die Weltspitze mit.

Neben der Einführung der CD war die Unterhaltungselektronik der achtziger Jahre vor allem vom Siegeszug des Walkman geprägt. In der DDR gab es beides lange Zeit nicht, bis Elektronik Gera im Herbst 1988 den ersten eigenen Walkman „LCS" vorstellte. Doch infolge völlig überzogener Materialkosten konnte dieser sich nie so recht am Markt etablieren: Wer wollte schon einen halben Monatslohn für einen Walkman ausgeben? Ihn ereilte das gleiche Schicksal wie den für 1989 geplanten Kompakt-Stereorekorder GCS-8000: Mit dem Mauerfall am 9. November 1989 waren seine Tage im nunmehr offenen Markt gezählt. Nur zwei Wochen später wurde die Fertigung des Walkman-Nachfolge-Modells „Tramp" eingestellt; die anderen Kassettengeräte folgten bald, der GCS-8000 ging gar nicht erst in Produktion. Das frühe Schicksal dieser Geräte war bereits Vorbote der tiefen Einschnitte, die schon bald nach dem Freudentaumel der Novembertage 1989 auf die ostdeutsche Wirtschaft zukamen und auch dem Kondensatorenbau in Gera zum zweiten Mal in seiner Geschichte beinahe den Garaus machten.

Zu spät, und zu teuer: Der Kassettenrekorder GCS8000 wurde von der Maueröffnung überholt und ging gar nicht erst in die Serienproduktion.

Leider auch kein Erfolg: LCS1010, der erste (und einzige) Walkman der DDR.

Vielfalt verlangt Vielseitigkeit. In der Leistungselektronik muß ein Kondensator, je nach Anwendung, den unterschiedlichsten Anforderungen gerecht werden. Dank der eigenen Metallisierung kann ELECTRONICON hier durch besonders flexible Optimierung des Produktes punkten. Schon in den 90er Jahren war dieses Sortiment daher besonders reichhaltig an Anschlussdesigns und Baugrößen.

Achterbahn in den freien Markt

Im Jahre 1989 wurde durch insgesamt mehr als 7100 Beschäftigte mit zum Teil modernster, häufig aus dem westlichen Ausland stammender Fertigungstechnik ein Umsatz von über 610 Millionen Mark erwirtschaftet; nach westlichen Maßstäben war dies durchaus mit einem kleinen Konzern vergleichbar. Allein 1545 Menschen arbeiteten in Gera, Prenzlau, Dranske und Zwickau in den Bereichen Wickelkondensatoren (Jahresumsatz: 317 Mio Mark) und Bedampfung (7 Mio Mark), 988 in der Geraer Keramikkondensatorenfertigung (106 Mio Mark), sowie 1911 in den Geräte- und Baugruppenfertigungen (229 Mio Mark) in Gera, Ronneburg, Lobenstein und Lehesten. Darüber hinaus verfügte der Betrieb über einen leistungsstarken Werkzeug-, Ratiomittel- und Spezialmaschinenbau (31 Mio Mark), zahlreiche Labors und Forschungskapazitäten und seine eigene Berufsschule mit ca. 300 Lehrlingen pro Jahrgang.

Heute gehört sie zum guten Ton, doch damals war sie Neuland: die Zertifizierung nach ISO 9000, durchgeführt vom Urheber, dem British Standards Institute höchstselbst.

Neben über tausend Kunden innerhalb der DDR verwies man stolz auf 100 direkt betreute Exportpartner in 35 Ländern; das Sortiment Leuchten- und Motorkondensatoren wurde zu fast 95 % ins westliche Ausland, insbesondere nach West- und Nordeuropa, exportiert. Gerade die letztgenannten Erzeugnisse waren fast durchweg nach westeuropäischen nationalen Standards approbiert und das Qualitätssicherungssystem für die Sparte der Wechselspannungs-Kondensatoren gehörte mit seiner bereits 1989 durch die britische BSI erfolgten ISO-9000-Zertifizierung diesbezüglich sogar zu den ersten in Gesamtdeutschland. Damit musste sich doch etwas anfangen lassen!

Der Traum vom erfolgreichen Einstieg in den freien Markt wich jedoch sehr bald tiefer Ernüchterung. Die für den Konsumgütermarkt produzierten Kassettenrekorder erwiesen sich im unverfälschten Vergleich mit der westlichen Konkurrenz als unverkäuflich. Mit dem Zusammenbruch der DDR-Wirtschaft brachen mehr

Aufbauend auf den reichhaltigen Erfahrungen im Gerätebau konnte sich ELECTRONICON für eine geraume Weile im Markt für digitale Ansagetechnik etablieren. Etliche deutsche Verkehrsbetriebe nutzten diese im Markt neuartigen Geräte.

Das „Elektronik" in ELECTRONICON: Nachhall einer vergangenen Epoche.

Mit der Einweihung bereits überflüssig geworden: Im Februar 1990 wird noch mit einem großen Buffet die neue Betriebsgaststätte in der Parkstraße eingeweiht. Ihre 1200 Plätze sind schon bald verwaist.

und mehr die einheimischen Industriekunden weg. Auch die osteuropäischen Volkswirtschaften krankten gewaltig, und mit der Währungsunion im Juli 1990 kam für die dortigen Kunden noch schlagartig das Valuta-Problem hinzu. Mangelnde Erfahrungen des Managements im Umgang mit den Chancen und Risiken der freien Marktwirtschaft taten das ihre.

Die erste frei gewählte Volkskammer der DDR stellte am 17. Juni 1990 mit ihrem „Gesetz zur Privatisierung und Reorganisation des volkseigenen Vermögens" (Treuhandgesetz) die Weichen für die gezielte Überführung von volkseigenen Betrieben in Privateigentum – oder aber deren Stilllegung. Schon im Mai 1990 hatte sich der VEB Elektronik Gera aus dem Verbund des Kombinates Elektronische Bauelemente Teltow gelöst. Zeitgleich waren die Geschäftsstellen Lobenstein (gemeinsam mit der Hauptabteilung Lehesten) und Prenzlau (nebst Hauptabteilung Dranske/Rügen) ausgegliedert und in unabhängige GmbH umgewandelt worden. Die Hauptabteilung Zwickau wurde reprivatisiert.

Am 12. Juni 1990 wandelte die Berliner Treuhandanstalt den VEB Elektronik Gera rückwirkend zum 1. Mai 1990 in die „ELECTRONICON GmbH" um. Diese brachte es im zweiten Halbjahr 1990 jedoch gerade noch auf einen Umsatz von 38,4 Mio DM. Dementsprechend waren von den in Gera verbliebenen 4035 Mitarbeitern des Betriebes bereits rund 2870 in sogenannter Null-Stunden-Kurzarbeit, im Klartext: faktisch beschäftigungslos. An das völlig andersartige Kosten- und Preisgefüge der freien Marktwirtschaft musste sich der ehemalige

Staatsbetrieb ohne nennenswerte Übergangsphase, quasi über Nacht anpassen. Materialkosten waren auf einmal nicht mehr durch staatlich verordnete Industriepreise vorbestimmt, sondern mussten (beziehungsweise konnten) mit mehreren Lieferanten ausgehandelt werden. Gleichzeitig bekamen aber die bisher deutlich unterbewerteten und durch verschiedenste Subventionen und Umverteilungen verzerrten Lohnkosten einen ganz anderen Stellenwert. Ähnlich war es mit Energiekosten und vielen anderen Positionen.

Die Anpassung an die neuen Gegebenheiten gelang in der Hast der Stunde nur in wenigen Bereichen, und selbst das nicht sofort. Im Ergebnis kamen zahlreiche Produktionsbereiche des Großunternehmens zum Erliegen, so zum Beispiel die komplette Fertigung von Elektrolytkondensatoren, Kassettengeräten und Laufwerken, sowie Computern und Monitoren, mit dramatischen Konsequenzen für die Belegschaft. Immerhin gelang einigen Bereichen die Verselbständigung und Ausgründung, so z.B. einem Ingenieurbetrieb für Mess- und Steuerungstechnik, dem Chemielabor, verschiedenen Bereichen des Sondermaschinenbaus, Transportunternehmen u.a.

Der durch die politischen und wirtschaftlichen Ereignisse erzwungene massenhafte Stellenabbau der frühen neunziger Jahre gehört zu den schmerzlichsten Kapiteln in der Betriebsgeschichte, und war für jeden der betroffenen Kolleginnen und Kollegen ein bitterer Einschnitt. So mancher konnte schnell in neuen Berufen Fuß fassen, doch in den strukturellen Turbulenzen

1992 zieht hier unter der Anschrift „Wiesestraße 151" die Fertigung der Wickelkondensatoren ein.

der gesamten Geraer Region in jenen Jahren bedeutete die Entlassung für viele den Weg in eine lange Phase der angestrengten Arbeitsuche und Umorientierung. Und für das Unternehmen war dieser Umbruch mit dem zutiefst bedauerten Verlust zahlreicher erfahrener und wohlqualifizierter Fachkräfte verbunden.

Ringen um die Privatisierung

Schon in seiner konstituierenden Sitzung im Oktober 1990 ging der Aufsichtsrat der ELECTRONICON GmbH nur noch von einer künftigen Personalstärke von 1200 Mitarbeitern aus. Die Mehrzahl der rund 20 Immobilien in Gera und anderswo wurde abgestoßen. Die verbleibende Fertigung von Wickel- und Keramikkondensatoren sowie Geräten sollte an der B92 und in Gera-Pforten konzentriert werden.

Die folgenden anderthalb Jahre waren vor allem vom Tauziehen um nachhaltige Sanierung und Privatisierung

Blick in die Werkstoffherstellung der Keramiksparte.

Nach zwei Jahren endlich positive Nachricht aus dem Kondensatorenwerk. (Januar 1993)

Für die Fertigung keramischer Massen und Halbzeuge sowie darauf beruhender Kondensatoren fand sich, trotz sehr guter technischer Ausstattung, kein fähiger Investor.

gekennzeichnet. Größen der Elektrobranche, wie PHILIPS, AEG, Vossloh Schwabe oder Roederstein schauten eher flüchtig vorbei; auch Stammvater SIEMENS meldete sich kurz, um den Sinn von Rückübertragungsansprüchen zu prüfen. Doch eigentlich trug sich SIEMENS bereits selbst mit dem Gedanken, sich von Teilen seiner Bauelementesparte zu trennen (was dann Ende der neunziger Jahre auch passieren sollte). Und so waren es vor allem Mittelständler, die ernsthaftes Interesse zeigten. Zu ihnen zählte unter anderem auch die System Electric GmbH, ein Unternehmen aus dem Frankfurter Raum, welches zu den führenden deutschen Anbietern von Lösungen für Blindstromkompensation und Netzqualität zählte. SE-Gründer Klaus Holbe kannte die Geraer Leistungskondensatoren aus vielen Jahren praktischer Verwendung und war daher in erster Linie an diesem Zweig des Unternehmens interessiert. Auch andere Parteien zielten in den seltensten Fällen auf einen Erwerb des gesamten Betriebes ab. Nachdem die ELECTRONICON-GmbH in ihrer Gesamtheit trotz intensivster Bemühungen nicht zu privatisieren war, wurde das Unternehmen am 11. März 1992 von der Treuhandanstalt in Liquidation geschickt. Auf die hartnäckige Initiative des Managements zog die Kondensatorenfertigung nun dennoch aus dem geschichtsträchtigen Areal Park-/Ebeling-/Neue Straße in die modernen Gebäude an der B92 um. Entgegen dem eigentlichen Plan der Treuhand, das gesamte Unternehmen „abzuwickeln", d.h. also endgültig aufzugeben, gelang im September 1992 einem Kern von 238 hochmotivierten Leuten unter Geschäftsführer Wiktor Jerzyna mit der Ausgründung der ELECTRONICON Kondensatoren GmbH ein weiteres Mal in der langen Unternehmensgeschichte der Neustart.

Ein MBO unter dem Namen TECHNOCER für das Geschäftsfeld Keramikkondensatoren kam hingegen nicht zum Tragen; überhaupt schlugen alle weiteren Versuche, die Keramikkondensatoren an den Mann zu bringen, fehl. Die verbliebenen rund 480 Mitarbeiter der ELECTRONICON-GmbH i. L. wurden noch bis 30.6.1993 in einer Auffanggesellschaft weiterbeschäftigt, danach schrumpfte das Rest-Unternehmen schon bald zusammen auf einen kleinen Stamm von Verwaltern der verbliebenen Immobilien, Archive und sonstigen Hinterlassenschaften, bis im Sommer 2003 der letzte Mitarbeiter der liquidierten Firma den Schlüssel abgab.

Neubeginn mit vier Sortimenten:
Leuchten-, Motor-, Leistungs- und Funkentstörkondensatoren

Und wieder ein Neuanfang: Die ELECTRONICON Kondensatoren GmbH

Die Rechnung der ausgegründeten ELECTRONICON Kondensatoren GmbH hingegen sollte dieses Mal aufgehen: Die Firma konzentrierte sich ausschließlich auf das Geschäft mit Wickelkondensatoren aus metallisierten Kunststofffolien und Papier und kehrte damit in gewisser Weise zu den ursprünglichen Wurzeln von SIEMENS bzw. K-W-G zurück. Dies war im Übrigen genau derjenige Bereich, welcher bereits nach DIN ISO 9002 zertifiziert war. Mit dem angeschlossenen Bedampfungszentrum bewahrte sich das neue Unternehmen auch den vielleicht entscheidenden Konkurrenzvorteil: eigenes Know-How in der Grundtechnologie und kostengünstiger Zugriff auf das Hauptmaterial. Und: Es existierten bereits seit vielen Jahren etablierte Vertriebskanäle sowie noch immer nennenswerte Marktanteile in den ausschlaggebenden westeuropäischen Märkten. Die sollten nun ausgebaut werden. Mit Kondensatoren zur Kompensation des Blindstroms von magnetischen Vorschaltgeräten in Fluoreszenzleuchten sowie speziellen, weder aktiv noch passiv entflammbaren Funkenstörkondensatoren wurde der Markt der Leuchtenhersteller bearbeitet. Hierbei machte sich die schon beizeiten eingeleitete Entwicklung von wettbewerbsfähigen Kondensatoren im Kunststoffgehäuse bezahlt, welche neben dem klassischen Sortiment im gesicherten Metallgehäuse zunehmend an Bedeutung gewannen und bis ins neue Jahrtausend hinein das wichtigste Standbein des Unternehmens bildeten. In einem harten Verdrängungswettbewerb vor allem gegen südeuropäische, aber auch angelsächsische und osteuropäische Anbieter etablierte sich ELECTRONICON im Laufe der neunziger Jahre als europaweiter Marktführer

Das modifizierte Logo ab 1992. Die „neue" ELECTRONICON durfte das Logo der „alten" fortführen.

Bis heute sind die Motorkondensatoren von ELECTRONICON vor allem für Premium-Hersteller interessant. Vom ursprünglichen Sortiment der 1990er Jahre haben letztendlich jedoch nur die hochwertigen Metallbecherkondensatoren mit interner Sicherung überlebt.

Produktinformation 1994

und als einer der dominierenden Hersteller weltweit. Mit der 1994 zum europaweiten Patent angemeldeten Lösung eines durch Thermosicherung geschützten Plastikbecherkondensators erschufen die Entwickler von ELECTRONICON überdies erstmalig eine gesicherte Lösung für den Niedrigpreissektor.

Aus dem langjährigen Know-how in der Gerätefertigung entstand noch eine weitere Idee: im Zuge des heraufdämmernden Zeitalters der elektronischen Vorschaltgeräte für Leuchtstofflampen würde sich ELECTRONICON ihrer guten Verbindungen zu den europäischen Leuchtenherstellern bedienen und ein eigenes Sortiment an elektronischen Vorschaltgeräten auf den Markt bringen. Immerhin schickten sich elektronische Lösungen bereits hier und da an, die klassische Kombination aus magnetischer Drossel, Zündgerät und Kondensator abzulösen. Und so startete dieses Programm im Frühjahr 1994.

Bedeutend schwieriger gestalteten sich die Marktverhältnisse bei den Motorkondensatoren. Hier war die Wettbewerbsposition etablierter italienischer Hersteller sowie der Berliner AEG teilweise erdrückend. Dennoch konnte sich die ELECTRONICON mit der Zeit insbesondere bei den führenden deutschen Herstellern von qualitativ hochwertiger „weißer Ware" durchsetzen. Premiumhersteller wie Miele, Bosch-SIEMENS-Hausgeräte und Liebherr zählen bis heute zu den Hauptkunden für Motorkondensatoren mit integrierter Sicherung.

Die Bedampfung war 1990-91 in Gera-Pforten auf eine Halle konzentriert worden.

Diese Kontaktieranlage aus den 80er Jahren leistete treue Dienste bis 2004. Sie war für das sogenannte „Massensortiment" effektiv, da sie in kurzer Zeit hohe Mengen an kleinen Wickeln verarbeiten konnte.

Auch anderes überlebte mit Erfolg. Der 1977 gegründete Elektronik Karneval Club (EKC) war ab 1990 auf sich allein gestellt. Der Humor hat gesiegt: bis heute ist der EKC mit bis zu 6000 Karten jährlich eine feste Größe im kulturellen Leben der Stadt.

Besonders wichtig – und strategisch goldrichtig – war die verstärkte Ausrichtung des Unternehmens auf Leistungskondensatoren und Kondensatoren für die Leistungselektronik. Noch 1988 war „von oben" verordnet worden, die Fertigung der Leistungskondensatoren zurückzuschrauben und die Produktion vollends auf die – aus Sicht der Devisenbeschaffung lukrativeren – Exportschlager, also Leuchten- und Motorkondensatoren, zu spezialisieren. Man hätte damals die Versorgung der ostdeutschen Wirtschaft mit Kondensatoren höherer Spannungen und Leistungen bei Isokond Berlin zusammengefasst bzw. auf Importe aus der ČSSR zurückgegriffen. Dank der Trägheit des Apparates und der Umwälzungen des Herbstes 1989 waren diese Pläne im Sande verlaufen. Dies kam der ELECTRONICON nun zugute.

Mit den beiden ausgereiften Technologien MKP und MPP, zusätzlich gewürzt durch die hauseigene Metallisierung, bestanden vielfältige Möglichkeiten der Marktbearbeitung, breiter als bei vielen Wettbewerbern. So konnte die nun plötzlich zum Konkurrenten gewordene Isokond ihre Niederspannungskondensatoren ausschließlich in der raum- und kostenintensiveren MPP-Technologie fertigen. Andere Hersteller, wie AEG Berlin, FRAKO aus Teningen, die Landshuter Roederstein, die italienischen Arcotronics und Comar u. v. a. konnten wiederum nur die technisch weniger leistungsfähigen MKP-Kondensatoren ins Rennen führen. Der flexible Rückgriff auf beide Technologien spielte für die Etablierung als ernstzunehmender Anbieter besonders in den anspruchsvollen Anwendungen der Leistungselektronik eine wichtige Rolle. Traditionell beherrschte hier SIEMENS den Markt.

Kurze Wickel mit großem Durchmesser, das Grundprinzip des ELECTRONICONschen Designs für hohe Strombelastungen.

Über 17 Jahre lieferte der eigene Anlagenbau unschätzbare Erkenntnisse für die Optimierung der Leistungskondensatoren.

Wirkten anfangs noch etwas sperrig: Die ersten eigenen Kompensationsmodule in Einschubtechnik.

Ohnehin waren die westlichen Märkte unter den alteingesessenen Anbietern aufgeteilt, während die vertrauten Abnehmer der ehemaligen Ostblockländer noch immer in der Krise der frühen Neunziger verharrten und umsatzschwach blieben. Und es kam noch ein weiterer wesentlicher Vorteil hinzu, welcher einen sich bis heute auswirkenden Know-how-Vorsprung begründete: ELECTRONICON war das einzige deutsche Unternehmen neben SIEMENS, welches Wickel mit Durchmessern größer als 80 mm produzieren konnte. Wickel mit großen Durchmessern können über ihre größeren Stirnflächen hohe Betriebsströme wesentlich besser aufnehmen und bieten dadurch handfeste Vorteile insbesondere in anspruchsvollen Wechselspannungsanwendungen.

Ausgehend von der langjährigen Tradition in der Herstellung von Blindstromkondensatoren und aufbauend auf der bereits 1991 begonnenen Zulieferung von Kondensatormodulen für einen hessischen Anlagenbauer beschloss die Geschäftsleitung, neben Leistungskondensatoren nun auch Fertiglösungen, sprich: komplette automatische Anlagen für die Blindleistungskompensation, anzubieten. Mit dem im ersten Halbjahr 1993 begonnenen Anlagenbau begab sich ELECTRONICON zwar in den Wettbewerb zu einigen ihrer Stammkunden, und der resultierende Umsatzzuwachs hielt sich in Grenzen; der Schritt lohnte sich aber dennoch, ermöglichte er doch die praxisnahe Auseinandersetzung mit der wichtigsten Endanwendung für Leistungskondensatoren. Die in den Jahren der Anlagenproduktion gewonnenen Felderfahrungen trugen wesentlich zur Vervollkommnung der technischen Eigenschaften bei und lieferten wertvolle Impulse für die weitere Produktentwicklung.

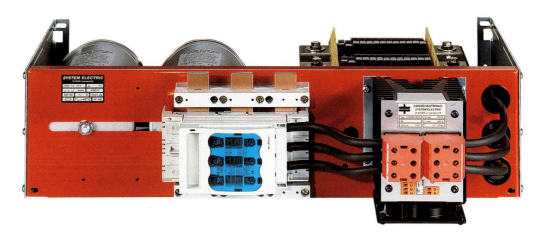

System Electric brachte ursprünglich als erster deutscher Anlagenhersteller Kompensationsanlagen in Modulbauweise auf den Markt und hat dieses Prinzip perfektioniert - natürlich mit Kondensatoren und Drosseln von ELECTRONICON.

Doch noch immer war das Unternehmen nicht privatisiert. Die ELECTRONICON Kondensatoren GmbH hing zwar finanziell nicht mehr am Tropf der Treuhand-Anstalt, sondern hatte sich ohne nennenswerte Zuschüsse oder Subventionen auf eigene Rechnung durchzuschlagen. Aber nach wie vor bestand keine Klarheit bezüglich der künftigen Eigner. Insbesondere Herstellern hochwertiger und langlebiger Systeme und Ausrüstungen liegt die langfristige technische und kommerzielle Partnerschaft mit ihren Lieferanten am Herzen. In einer Zeit, da allerorten in Ostdeutschland mehr und mehr ehemalige Staatsbetriebe „abgewickelt", also geschlossen wurden, war der Status der Treuhandzugehörigkeit also alles andere als vertrauensfördernd. Nach wie vor bewarb sich Klaus Holbes SYSTEM ELECTRIC hartnäckig um den Zuschlag für den Kauf des Unternehmens. Daneben gab es noch einen weiteren Interessenten aus dem Bereich des Anlagenbaus. Ebenfalls im Rennen war Geschäftsführer Wiktor Jerzyna, welcher sich um ein Zusammengehen mit Investoren, u.a. der System Electric bemühte, gleichzeitig aber auch einem Management-Buy-Out nicht abgeneigt war.

Doch im März 1993 wurde es auf einmal ganz spannend: auch die Treuhandanstalt stand unter Erfolgszwang, endlich eine Privatisierung herbeizuführen, und so war ganz überraschend ein iranischer Leuchtenfabrikant ins Spiel gekommen. Dieser Deal scheiterte buchstäblich in letzter Minute daran, daß der Käufer über etliche Monate hinweg nicht einmal die erste Rate der Kaufsumme aufbringen konnte und sich – bezeichnenderweise – selbst mit einer Bankbürgschaft schwertat. Erst im Herbst 1994 wurde der bereits geschlossene Kaufvertrag endgültig annulliert. Zumindest diesbezüglich

Moderne Kondensatoranlage von SYSTEM ELECTRIC

Firmeninhaber Klaus Holbe auf der Hannovermesse 1998 im Gespräch mit Dr. Bernhard Vogel, Ministerpräsident von Thüringen

Klaus Holbe baute bereits seit den 60er Jahren Blindleistungskompensationsanlagen. In seinem 1969er Katalog deutlich zu sehen: Leistungskondensatoren aus Gera (im unteren Teil der Anlage).

hatte die Treuhandanstalt ein klein wenig aus ihren katastrophalen Fehlern der Vorjahre gelernt und das Unternehmen nicht mehr blauäugig auf gut Glück aus der Hand gegeben. Krankheitsbedingt zerschlug sich wenig später auch die Aussicht auf ein MBO.

Die jahrelange Irrfahrt fand ihr glückliches Ende am 29.12.1994: ein Konsortium um SYSTEM ELECTRIC kaufte - nach erneutem Tauziehen buchstäblich bis zur letzten Minute - die ELECTRONICON Kondensatoren GmbH von der Treuhandanstalt, verknüpft mit der Zusage, in den Standort Gera zu investieren und ihn mit mindestens 170 Beschäftigten zu erhalten. Bald schon zeigte sich, daß die Erwerbung durch SYSTEM ELECTRIC voll und ganz den Interessen des Betriebes und seiner Mitarbeiterinnen und Mitarbeiter entsprach. Nicht ein auf Dividende spekulierender Geldanleger hatte den Betrieb erworben, oder gar ein anonymer Fonds; kein Konzern hatte sich die attraktiven Technologien und Geschäftsbeziehungen einverleibt, um sie nach Gutdünken auszuschlachten. Auch das traurige Schicksal der Isokond Berlin blieb erspart: Sie war von der Treuhand im September 1992 für eine Bankbürgschaft und 30 Mark Anzahlung an den dubiosen Investor Ashok Chauhan verscherbelt, von jenem systematisch ausgeplündert und bis Ende 1994 in die Pleite getrieben worden. (Pikanterweise hatte sich derselbe Ashok Chauhan 1993 bei der Treuhand auch hartnäckig um die ELECTRONICON bemüht und war – zum großen Glück – abgewiesen worden.) Die Käufer des Geraer Kondensatoren-Betriebes hingegen waren selbst am eigentlichen Produkt interessiert. Hauptakteur Klaus Holbe wollte genau das: Kondensatoren produzieren, und er glaubte fest daran, dies weiterhin in Deutschland zu tun.

Hunderte Millionen dieser Kondensatoren haben über viele Jahre die Grundauslastung für die neue ELECTRONICON gesichert: Kompensationskondensatoren für Leuchten.

Die Somatic-Linie erledigt in einem Zug die gesamte Montage von Metallbecher-Kondensatoren einschließlich der integrierten Überdrucksicherung.

Die vollautomatische Fertigung lohnt sich nur für Typen, die in hohen Stückzahlen nachgefragt werden.

Die ersten Jahre nach der Privatisierung waren geprägt vom Kampf um Marktanteile. Zwar hatte ELECTRONICON schon vor dem Mauerfall umfangreiche Mengen an Leuchten- und Motorkondensatoren in den wichtigen westeuropäischen Märkten abgesetzt. Gerade im Leuchtenmarkt dämmerten aber in den neunziger Jahren tiefgreifende Veränderungen herauf: Noch waren die neu aufkommenden elektronischen Vorschaltgeräte um ein vielfaches teurer als konventionelle Lösungen aus Zündgerät, Vorschaltdrossel und Kondensator; sie wurden jedoch von vielen als energieeffizienter favorisiert. Ihre rasanten Wachstumsraten ließen keinen Zweifel daran, daß sich der Markt für herkömmliche Lösungen in den kommenden Jahren rückläufig entwickeln würde. Die Folgen waren drastischer Preisverfall und erbarmungsloser Verdrängungskampf bei den althergebrachten Komponenten, was über die neunziger Jahre bis ins neue Jahrtausend hinein im Marktausstieg etlicher traditioneller Wettbewerber mündete. Vom Ausscheiden solcher Konkurrenten wie der deutschen Südko, Prelyo (Frankreich), DNA (Spanien), Cambridge Capacitors (UK), Tesla (CZ), Plessey und ATCO (Australien), und selbst der Leuchtenkondensatorensparte von AEG Hydra konnte ELECTRONICON jedoch noch bis in die Jahre 2004/2005 hinein profitieren und sich durch Übernahme von Marktanteilen als Weltmarktführer etablieren.

Aus Geraer Sicht erlebten die Leuchtenkondensatoren so bis 2006/2007 nochmals einen regelrechten Boom. Im Jahre 2006 erreichte ihr Verkauf mit 28,9 Millionen Stück seinen historischen Höhepunkt. Und so investierte das Unternehmen zwischen 2001 und 2004 sogar noch

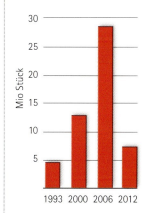

Die Verkäufe von Leuchtenkondensatoren erlebten zu Anfang des neuen Jahrtausends - einem Strohfeuer gleich - noch einmal einen regelrechten Boom.

in eine halb- und vier vollautomatische Montagelinien für Wechselspannungskondensatoren. Drei der vollautomatischen Linien, welche in den Jahren 2004 und 2005 in Betrieb genommen wurden, waren italienische Standardlösungen und für ungesicherte Leuchten- und Motorkondensatoren bestimmt. Wesentlich komplexer waren aber die beiden in Thüringen entstandenen Montagelinien für gesicherte Metallbecherkondensatoren. Die im Jahre 2006 in Betrieb genommene Linie von SOMATIC funktioniert tatsächlich wie im Bilderbuch: Schütte auf der einen Seite Wickel und Becher hinein, und am anderen Ende kommen fertige Kondensatoren heraus. So mancher der Thüringer Entwickler und Erbauer dieser und anderer weltweit einzigartiger Ausrüstungen und Anlagen stammt aus dem ehemaligen kombinatseigenen Ratiomittelbau und profitiert in den jetzigen Sondermaschinenbaufirmen auch von Erfahrungen aus seiner früheren Tätigkeit.

Kurioserweise konnte ELECTRONICON ausgerechnet mit ihrem Alternativprodukt, den elektronischen Vorschaltgeräten, nicht vom Trendwandel in der Branche profitieren. Zum Zeitpunkt des Fertigungsstarts war der Vorsprung der Großen der Branche – OSRAM, PHILIPS, Tridonic, Vossloh Schwabe – bereits zu groß gewesen, um ihn ernsthaft wettmachen zu können. Längst zu strategischer Bedeutung aufgestiegen, wurden die elektronischen Vorschaltgeräte bei den Großen der Branche durch ganze Entwicklerstäbe betreut und massenhaft in Billiglohnländern produziert. In Gera vermochte man in der Kürze der Zeit und mit den zur Verfügung stehenden Mitteln weder das eine, noch das

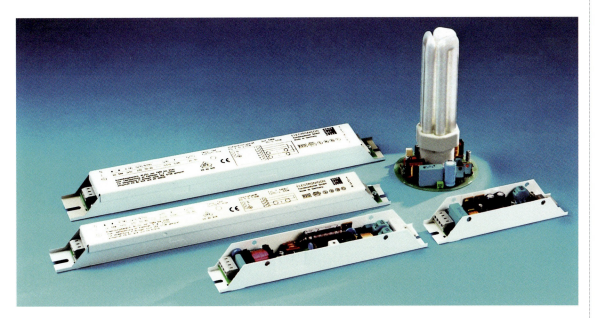

Vergeblich auf den Hausmarkt gehofft: Leider bleiben die elektronischen Vorschaltgeräte nur eine kurze Episode.

Weder elektronische Vorschaltgeräte noch Funkentstörkondensatoren erlangten den hohen Automatisierungsgrad wie die Leuchtenkondensatoren.

andere zu realisieren. Als dies klar wurde, beschloss die Geschäftsführung 1997 die Einstellung des Sortiments. Die Geraer Firma LT Elektronik, welche diese Produktlinie in den folgenden Jahren auf eigene Faust fortführte, ist in der Zwischenzeit zum international erfolgreichen Spezialisten für Sonder- und Nischenlösungen elektronischer Vorschaltgeräte herangewachsen. Ein solches Konzept spezieller Lösungen in Klein- und Mittelserien wäre höchstwahrscheinlich in den Maßstäben der ELECTRONICON auf Dauer nicht ökonomisch gewesen.

Auch den Funkentstörkondensatoren war kein Erfolg beschieden. Das von ELECTRONICON verfolgte Konzept in nichtentflammbarer MP-Technologie war seiner Zeit in gewisser Weise voraus: viele Kunden interessierten sich zwar durchaus für die technischen Vorteile, schreckten jedoch vor dem deutlich höheren Preis zurück. Und an ergänzenden Folienkondensatoren zu marktüblichen Preisen mangelte es prinzipiell: die waren nicht im Programm. Es ist ein Treppenwitz in der Firmengeschichte, daß die Nachfrage für diese Kondensatoren – 1995 aufgegeben und samt Wickel- und Montagetechnik an Wettbewerber EICHHOFF übergeleitet – tatsächlich erst nach dessen seinerseitiger Aufgabe selbigen Sortimentes einen echten Aufschwung erfuhr. Schwamm drüber.

Regulierungen in der EU, aber auch in anderen Regionen der Welt, wie z.B. Australien, haben in jüngerer Zeit den Umstieg von konventionellen zu elektronischen Vorschaltgeräten deutlich beschleunigt. Mehr noch: Die

Anteile der einzelnen Sparten am Gesamtumsatz

1993
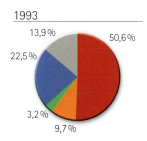

2002
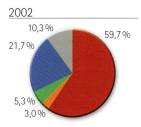

2012
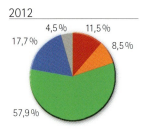

■ Leuchten-Kondensatoren
■ Motorenkondensatoren
■ Kondensatoren für die Leistungselektronik
■ Blindstrom/3ph-Filter-Kondensatoren
■ sonstige

Leuchtdiode ist dabei, die Beleuchtungsbranche zu revolutionieren und die konventionellen Lösungen umso schneller aus modernen Anwendungen zu verdrängen. ELECTRONICON hat in den 20 Jahren seit ihrer Ausgründung über 300 Millionen Leuchtenkondensatoren in alle Welt geliefert; zu den Stückzahlen, welche zwischen 1956 und 1992 entstanden sind, fehlen leider genaue Angaben, aber man darf getrost von weiteren 100 bis 150 Millionen Stück ausgehen. Damit gehört die Geraer Produktion zu den weltweit größten. Doch nun sieht es so aus, als werde der gute alte Leuchtenkondensator, der fast sechzig Jahre lang ein strategisch wie wirtschaftlich so wichtiger Posten in der Geraer Produktpalette war, tatsächlich irgendwann aus dem Sortiment verschwinden. Sein Anteil am Gesamtumsatz, noch im Jahre 2002 bei dominierenden 59,7 %, ist bis heute auf weniger als 9 % gesunken, und dieser Trend scheint sich weiter fortzusetzen.

Die vollautomatische Linie von SOMATIC jedenfalls hat sich inzwischen vorrangig auf die Fertigung von Motorkondensatoren für Deutschlands führende Hersteller von Weißer Ware spezialisiert. Doch auch wenn sich dieser Markt bislang stabiler zeigt, sind auch hier künftig Gerätelösungen zu erwarten, welche zunehmend auf den klassischen Motorkondensator verzichten können. Es war somit von herausragender Bedeutung, daß ELECTRONICON bereits in den frühen 90er Jahren die gezielte Entwicklung und Ausweitung ihrer Leistungskondensatoren und Kondensatoren für die Leistungselektronik zum strategischen Schwerpunkt erklärt hatte.

Neue Märkte, neue Prioritäten: Die 90er Jahre

Zu DDR-Zeiten waren die Abnehmer für Leistungs- und Leistungselektronikkondensatoren fast ausschließlich in der heimischen Industrie zu suchen gewesen – und die war mittlerweile weitestgehend weggebrochen. Es gelang nun relativ schnell, den Namen „ELECTRONICON" auch bei Herstellern von Kompensationsanlagen bekannt zu machen, und das buchstäblich in aller Welt. Das rasch wachsende Händlernetz konzentrierte sich neben den traditionellen Leuchtenkondensatoren zunächst vor allem auf die Komponenten zur Blindleistungskompensation. Nur wenige Wochen nach der Firmenübernahme verfügte der neue Eigentümer die Entwicklung und Produktionsaufnahme einer firmeneigenen Baureihe von Filterkreisdrosseln. Schon seit den späten achtziger Jahren hatte man in der Blindleistungskompensation einen wesentlichen Trend beobachten können: der zunehmende Industrieeinsatz von Leistungshalbleitern ließ die Qualität der Stromversorgungsnetze weltweit immer schlechter werden; es mehrten sich die Fälle empfindlicher, oft zerstörerischer Beeinträchtigungen und Resonanzen, hervorgerufen durch sogenannte Oberwellen. In entwickelten Industrieländern kam inzwischen kaum noch eine Kondensatoranlage ohne schützende Filterkreisdrosseln aus. Auch in den neu heranwachsenden Nationen stieg der Bedarf an Kompensationsanlagen, welche parallel zur Blindstromkompensation auch die Netzqualität verbesserten. Es lag also auf der Hand, dem Anwender neben dem Herzstück einer jeden Kondensatoranlage auch ein

Zunächst ausschließlich mit Kupferwicklungen, später auch mit Aluminiumband. Die Filterkreisdrosseln von ELECTRONICON sind bekannt für ihren besonders verlustarmen Aufbau.

Filterkreisdrosseln sind die perfekte Ergänzung zum Leistungskondensator. Die Fertigung war zunächst im Hauptwerk angesiedelt.

hochwertiges Mittel zu dessen Schutz anzubieten. Da Drosseln vor allem Oberwellenenergie in Wärme umsetzen, sind sie im Allgemeinen ein ungeliebtes Bauteil in jeder Kompensationsanlage, welches gerade dem hitzeempfindlichen Kondensator das Leben schwer machen kann. Als Kondensatorenbauer aber genau hierfür sensibilisiert, trug ELECTRONICON mit ihren Drosseln gerade diesem Umstand Rechnung und legte die Drosseln betont verlustarm aus. Obwohl dadurch sicher nicht als Billigdrossel tauglich, war dies jedoch für die Effizienz und Zuverlässigkeit der Kondensatorenanlagen sehr von Nutzen. Im Herbst 1995 startete die eigene Herstellung von Drosseln zunächst mit Kupferwicklungen. Diese wurden, unter dem Eindruck der rasanten Entwicklung der Kupferpreise, nur wenige Jahre später durch Aluminiumdrosseln ergänzt. Mit dem Attribut „installieren und vergessen" werden ELECTRONICON-Drosseln inzwischen unter Kompensationsanlagenbauern von Mexiko bis Taiwan, von Finnland bis Australien für ihre beispielhaft niedrige Verlustleistung und stabilen elektrischen Eigenschaften geschätzt. Heute ist die Filterkreisdrossel als nahezu obligatorisches Ergänzungsprodukt zum Leistungskondensator ein festes Standbein des Unternehmens.

Auf der Suche nach Alternativen zum harten Verdrängungskampf in Deutschland und Westeuropa streckte die ELECTRONICON Kondensatoren GmbH nun mit wachsendem Erfolg ihre Fühler nach Übersee aus und baute ein Netz von lokalen Vertriebspartnern in zahlreichen Ländern auf. In den Jahren von 1993 bis 2000 verdreifachten sich die Exporte von 8,3 auf 26,2 Mio DM,

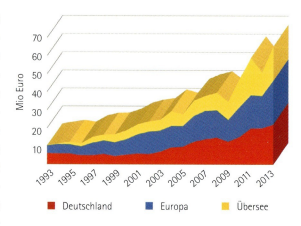

Stetig ist der überseeische Exportanteil seit 1994 gewachsen. Eine breite Streuung der Absatzmärkte ist aufwendig, macht aber unabhängiger von konjunkturellen Schwankungen der Weltwirtschaft.

wobei sich der Anteil der überseeischen Ausfuhren auf das vierzehnfache steigerte. Auch die Beziehungen zu ehemaligen und neuen Partnern in Osteuropa belebten sich ab 1995 deutlich. Und dieser Trend setzte sich in der Folgezeit noch weiter fort: 2011 gingen mehr als die Hälfte aller Exporte von ELECTRONICON nach Übersee. Neben dem generellen Ansehen, welches deutsche Hersteller in der Welt genießen, war es vor allem der Umstand, daß ELECTRONICON die damit verknüpften Erwartungen der Kunden an Produktqualität, Lieferservice und technische Kompetenz tatsächlich konsequent erfüllte, welcher den überraschend schnellen Erfolg des Unternehmens außerhalb Europas begründete und einen wichtigen Beitrag zum erfolgreichen Umsatzwachstum lieferte. Als erster mittelständischer Kondensatorenbauer Deutschlands und einer der ersten

Drosseln mit kostensparenden Aluminiumspulen werden in Bandwickeltechnik gefertigt.

Äußerlich ähneln sie den herkömmlichen Mittelspannungskondensatoren der Wettbewerber. Innen sind sie jedoch ganz anders: trockene MSD-Kondensatoren mit Rundwickeln aus selbstheilender Folie.

überhaupt in der weltweiten Kondensatorenbranche stellte ELECTRONICON übrigens im April 1997 ihre Webseite ins Internet und untermauerte auch damit ihren Anspruch auf weltweite Präsenz. Grafisch bereits sehr ansprechend gestaltet, war diese im Anfangsstadium noch recht statisch und entwickelte sich erst über die Jahre hinweg zum heutigen, vielseitigen Online-Arbeitsinstrument für Mitarbeiter, Vertriebspartner und Kunden.

1997 war er endlich da: Der finanzielle Break-even. Kosten und Erlöse hielten sich erstmals die Waage. Nach den schweren, an der Substanz zehrenden Jahren des Übergangs vom Staatsbetrieb zum Privatunternehmen begann der Betrieb endlich Gewinn zu erwirtschaften. So schaffte man es in verhältnismäßig kurzer Zeit, sich von jeglichen Krediten und Darlehen unabhängig zu machen. Dank solider Haushaltführung und maßvoller Unternehmenspolitik stellt ELECTRONICON inzwischen regelmäßig die Bewertungsmaßstäbe von Banken und Rating-Agenturen in den Schatten. Und so kam nun allmählich auch wieder eine geregelte Investitionstätigkeit in Gang. 1998 wurden erstmals seit 1990 wieder zwei neue Metronic-Wickelautomaten von METAR aufgestellt (zwei weitere und eine Maschine von 2A folgten bis 2004). Neben der Wickeltechnik waren in den neunziger Jahren aber vor allem Testausrüstungen und Prüfanlagen Gegenstand der technischen Aufrüstung.

Mithilfe von Flachwickeltechnik aus der Konkursmasse der 1995 untergegangenen ISOKOND unternahm ELECTRONICON Versuche in der Herstellung von Mittelspannungskondensatoren in klassischer, ölimprägnierter ALLFILM-Technologie; obwohl technisch erfolgreich, fehlten hier jedoch die kommerziellen und logistischen Voraussetzungen für einen erfolgreichen Markteintritt. Angesichts der starken internationalen und einheimischen Konkurrenz reifte ziemlich bald die Erkenntnis, daß nur mit einer prinzipiell neuen, vorteilhafteren technischen Lösung eine realistische Chance auf erfolgreiche Marktteilhabe bestehen würde. Diese Überlegungen mündeten schließlich in die Konzeption eines komplett trockenen Mittelspannungskondensators mit Rundwickeln aus metallisierter, selbstheilender Folie, möglich dank der vielfältigen Potentiale

www.electronicon.com

1997

2013

Auch die Endprüfanlage für Leistungskondensatoren aus den frühen 1990er Jahren wurde deutlich aufgerüstet und um eine Station zur Dichtheitsprüfung gasgefüllter Kondensatoren ergänzt.

Die gasgefüllten Kondensatoren sorgten bald nach ihrer Markteinführung für den Löwenanteil am Umsatz mit Leistungskondensatoren. Die großen, schweren MPP-Kondensatoren mit Ölimprägnierung hingegen verschwanden bis 2003 aus dem Sortiment.

Die Schildkröte als Sympathieträger für den ökologischen Mittelspannungskondensator - das verstand nicht jeder sofort. Asiatische Kunden wunderten sich: Was hat MSD mit Suppe zu tun?

der eigenen Folienmetallisierung. Unter der Markenbezeichnung MSD™ hat sich dieser seit seiner Markteinführung im Jahre 2003 erfolgreich als Nischenlösung für ökologisch oder brandschutztechnisch sensible Anwendungsfälle etabliert; auch in Anwendungen mit hohen Stoß- und Schwingungsbelastungen haben sich die MSD™ bewährt.

Über viele Jahrzehnte hinweg hatte die Vakuumimprägnierung ganz wesentlich den Produktionsprozess bei den Wickelkondensatoren geprägt. Dank der umfangreichen technischen Ausstattung und eigener Metallisierung war ELECTRONICON mittlerweile der einzige deutsche Hersteller neben SIEMENS-Matsushita – und ohnehin einer von wenigen weltweit – der noch in der Lage war, Kondensatoren in MPP- (d.h. Papierelektroden mit PP-Dielektrikum und Ölimprägnierung) oder MP-Technik (metallisiertes Papier mit Papierdielektrikum, ölimprägniert) zu fertigen. Über die Jahre waren jedoch sowohl die Qualität marktüblicher Polypropylenfolien als auch die weiterentwickelten Möglichkeiten der Metallisierung in einem Ausmaß perfektioniert worden, das es möglich werden ließ, selbst die anspruchsvollsten, bislang ausschließlich mit MPP- bzw. MP-Technologie realisierbaren Lösungen nun auch mit reinen PP-Wickeln zu verwirklichen. Es liegt auf der Hand, dass der Beschaffungsaufwand für geeignetes Kondensatorpapier und hochwertige Imprägnieröle infolge des weltweiten Bedarfsrückgangs kontinuierlich stieg und das MPP-Sortiment immer unwirtschaftlicher erscheinen ließ. Und eine weitere, richtungsweisende Wandlung hatte die Leistungskondensatorensparte von ELECTRONICON bereits in den vorangegangenen Jahren erlebt: als zweiter Hersteller weltweit (auch diesmal blieb

MAG (links, 1995) weicht Jumbolino (rechts, 2008). Beide Aufnahmen zeigen die alte Wickelei in der zweiten Etage.

Urahn SIEMENS technologischer Vorreiter) brachten die Geraer im Jahr 2000 ihren stickstoffgefüllten und damit komplett trockenen Leistungskondensator „MKPg" auf den Markt, allerdings mit wesentlichen konstruktiven Verbesserungen und ohne das vom Wettbewerb eingesetzte, zu den potenziellen Ozonkillern gerechnete Füllgas SF_6. Hatte der gasgefüllte Kondensator von SIEMENS über mehrere Jahre hinweg noch ein Dasein als Exot geführt, so erfuhr die Idee des gasgefüllten Kondensators mit dem Markteintritt des MKPg nun einen weltweiten Aufschwung; es dauerte nur ein paar Jahre, bis weitere Wettbewerber ihre Gasvariante vorstellten. Die von ELECTRONICON entwickelte Reihenklemme war dabei offenbar dermaßen anerkannt, daß sie binnen kurzer Zeit in China (äußerlich identisch) kopiert und hernach von zeitweise bis zu zwölf Wettbewerbern eingesetzt wurde.

Der Erfolg von MKPg beschleunigte den Prozess der Umstellung des gesamten Sortiments auf Kondensatoren mit metallisierter PP-Folie. Nachdem schon 2001 die Fertigung von MPP-Phasenschieberkondensatoren eingestellt worden war, hieß es dann 2003 auch für die Filter- und Kommutierungskondensatoren in MPP-Technik endgültig: „Last Call!" Diese fundamentale Umstellung machte den Weg frei für eine weitreichende Erneuerung der Wickelei: die noch aus DDR-Zeiten stammenden MAG-Automaten, unerlässlich gewesen zur Herstellung der vierlagigen MPP-Wickel, wurden nunmehr schrittweise durch eine speziell für großformatige Wickel gedachte Neuerung von METAR abgelöst: deren erster „Jumbolino" erlebte seine Feuertaufe 2003 in Gera. Fünf weitere folgten zwischen 2003 und 2010. Von ehemals fünf MAG-Automaten sind heute hingegen nur noch zwei in Betrieb.

Der „Ritterschlag": Es heißt, „erst wenn dich die Chinesen kopieren, hast du's wirklich geschafft". Oben das Original, unten die Kopie. Oder ist es umgekehrt?

Alte Kessel mit neuer Funktion: Die noch aus den 70er Jahren stammenden Imprägnierkessel wurden, generalüberholt und mit neuer Steuerung ausgestattet, zu Vakuum-Trockenkesseln umfunktioniert.

PFC-Katalog 2004:
Der erste Katalog komplett ohne MPP-Kondensatoren.

Zwei weitere, ganz wesentliche Bereiche waren ebenfalls von dieser Umstellung betroffen. Zum einen konnte die Pfortener Bedampfung nunmehr auf die aufwendige Papiertrocknung verzichten und trennte sich darüber hinaus von zwei der drei verbliebenen FOBA-Anlagen von Ardenne. Obwohl technisch hochinteressant, waren sie nicht mit vertretbarem Aufwand für die Folienbeschichtung nutzbar zu machen. 1999 fand FOBA 800/3 eine neue Verwendung beim Fraunhofer-Institut für Elektronenstrahl- und Plasmatechnik in Dresden Weißig; FOBA 800/4 ging zwei Jahre darauf an die IST (Ionen Strahl Technologie) GmbH Quedlinburg. Die Folien-Anlage FOBA 800/5 hingegen, sowie die beiden Anlagen A500 und A800 von Leybold-Heraeus, wurden im gleichen Zeitraum modernisiert und mit einer neuen elektronischen Steuerung ausgestattet. Zum anderen war mit der Aufgabe von MPP die Mineralöl-Tränkung überflüssig geworden. Damit entfiel die Ölentgasung und -trocknung, und alle Imprägnierkessel konnten nunmehr gleichermaßen für die Vakuumtrocknung der MKP-Kondensatoren verwendet werden, was die Effizienz und die Kapazitätsreserven in diesem Bereich beträchtlich erhöhte.

Auf Messen pflegt der Vertrieb den engen Kontakt zu Stammkunden und neuen Interessenten aus aller Welt.

Zukunftssicher: Kondensatoren für die Leistungselektronik

Ein deutscher Komponentenhersteller, welcher ausschließlich auf Standardartikel fokussiert ist, sieht sich meist über kurz oder lang munterer in- und ausländischer Konkurrenz ausgesetzt. Häufig entscheidet dann nur noch der Preis, und nicht selten bleibt als vermeintlich einziger Ausweg die Verlagerung der Fertigung in Billiglohnländer. Dank ihres Kostenvorteils durch die Bedampfung des Grundmaterials im eigenen Hause hat ELECTRONICON diesem Druck stets standhalten können – auch ohne die Option einer Produktionsverlagerung. Und doch: Das Unternehmen kann langfristig nur bestehen, wenn es von seinen Kunden nicht nur als Lieferant, sondern als Partner für technische Lösungen wahrgenommen und geschätzt wird. Weder die Kondensatoren für Leuchten oder Motoren, noch die weitgehend standardisierten Leistungskondensatoren für die Blindleistungskompensation bieten jedoch nennenswerten Raum für eine solche technische Partnerschaft.

In der sogenannten Leistungselektronik gibt es relativ wenige Standardkondensatoren. Der Löwenanteil der verwendeten Typen muss zumeist in langfristigen Prozeduren gemeinsam mit dem Anwender entwickelt

Katalog für Kondensatoren der Leistungselektronik, 2002

Hochspannungskondensatoren aus den 50er Jahren.

In der Leistungselektronik gibt es nur selten Standardsituationen für den Kondensator. Meistens muss der Kondensator in Form, Anschlüssen und Auslegung den spezifischen Erfordernissen des Kunden angepasst werden. Mitte der 90er Jahre war ELECTRONICON einer von wenigen Herstellern, welche die traditionelle MKV („MPP")-Technik noch beherrschten.

Bis 2004 war es gelungen, selbst anspruchsvollste Anforderungen vollständig mit MKP-Kondensatoren abzudecken. Der Katalog 2004 enthielt keine MPP-Typen mehr.

und optimiert werden. Hier ist genau jene technische Partnerschaft gefragt, welche die Wettbewerbsfähigkeit des Produktes nicht nur am Preis, sondern auch an der langfristigen Zuverlässigkeit von Kondensator und Lieferant festmacht und im Nachgang oft das Fundament für langjährige Zusammenarbeit bildet. Im Grunde genommen gab es sie schon immer: Hochspannungskondensatoren gehörten bereits 1949, Glättungskondensatoren seit 1951 zum Sortiment des Kondensatorenwerks. Auch die Kataloge des VEB Elektronik listeten u.a. Glättungskondensatoren und Papierkondensatoren für die Kommutierung von Thyristoren auf.

Bis in die 1990er Jahre hinein führten jedoch all diese Kondensatoren nur ein Schattendasein. 1993, in ihrem ersten vollen Geschäftsjahr nach Ausgründung, verkaufte ELECTRONICON für magere 654.200 Mark Leistungselektronik-Kondensatoren, gerade mal 3,2% des Gesamtumsatzes. Nicht länger durch planwirtschaftliche Vorgaben eingeschränkt, versuchten die Geraer Entwickler zunächst, die Vorteile der MPP-Technologie – hohe Spannungs- und Stromfestigkeit – auszuspielen. Zwar galten ihre Kommutierungs-, Glättungs- und Filterkondensatoren schon bald als Geheimtipp und willkommene Alternative zu etablierten Wettbewerbsprodukten bzw. mittlerweile nicht mehr verfügbaren Typen ehemaliger Branchengrößen wie BOSCH oder SEL. Den breiten Markterfolg erzielten sie indes noch immer nicht, und es haperte vor allem mit der Berücksichtigung in neuen Projekten. Dieser Zustand hielt über die neunziger Jahre hinweg an, in denen es trotz der absolut steigenden Verkaufszahlen nie gelang, den Anteil am Gesamtumsatz des Unternehmens deutlich über 5% zu erhöhen.

Der Durchbruch kam zu Anfang des neuen Jahrtausends. Das alte Lied ist wohlbekannt: stets ruft der Kunde nach dem noch kleineren Bauteil, um aus reduziertem Platz, Gewicht und Kosten neue Vorteile für seine Anwendung zu schöpfen. Da sich der wichtigste Kennwert des Kondensators, die Kapazität, in wesentlichem Maße aus dem Abstand seiner Platten definiert, ist die Minimierung der dazwischenliegenden Trennschicht, also des Dielektrikums, immer wieder Thema von Forschung und Entwicklung. Gleichzeitig hat aber die Dicke

Kleiner, leichter, oft ganz anders: Ab 2003 wandelt sich das Sortiment Leistungselektronikkondensatoren grundlegend.

rechts: Umrichter und Filter für Traktion und regenerative Energien – die Hauptmärkte für Wechselspannungsfilter- und Gleichspannungskondensatoren.

Der Aha-Effekt: Im Umrichter-Stack „Semikube" (oben) des innovativen Halbleiterspezialisten Semikron gelang mit den neuen PK16 von ELECTRONICON die Ablösung von Elektrolytkondensatoren (unten) in gleichem Volumen. Der Semikube revolutionierte die Branche.

des Dielektrikums einen nicht unbedeutenden Einfluss auf seine Spannungsfestigkeit. Eine deutliche Erhöhung der Kapazitätsdichte kann so durchaus mit erhöhtem Ausfallrisiko einhergehen. Schon seit Ende der neunziger Jahre hatten sich die Entwickler von ELECTRONICON daher auf die Lösung der Aufgabe konzentriert, dafür zu sorgen, dass die bei erhöhter Spannungsbelastung des Dielektrikums vermehrt auftretenden Durchschläge stets selbstheilend vonstattengingen, d.h. ohne in der Folge zum Ausfall des Kondensators zu führen. Natürlich war dies schon immer eine der Grundfragen in der Technologie bedampfter Kondensatorfolien gewesen; doch mit weiterer Ausreizung der Belastungsgrenzen der verfügbaren dielektrischen Materialien würde das statistische Ausfallrisiko deutlich weiter ansteigen. Dank grundlegender Erkenntnisse in der Bedampfungstechnologie war es den Entwicklern schon 1999-2000 gelungen, die entscheidende Frage – wie ließe sich die beim Spannungsdurchschlag entladene Energie zuverlässig auf ein sicheres Maß begrenzen – mithilfe der Optimierung von Belagdicke und -konsistenz neu zu beantworten. Mit der speziellen SecuMET-Metallisierung gelang eine deutlich höhere Auslastung der Polypropylenfolie ohne Kompromisse bei Langzeitstabilität und Ausfallsicherheit. Das nunmehr erheblich kompakter gestaltete Sortiment von Wechsel- und Gleichspannungskondensatoren war sofort wesentlich wettbewerbsfähiger. Insbesondere gelang mit der neuen Konzeption nun endlich der Einstieg ins Bahngeschäft. Aber es war vor allem ein neuer Markt, welcher dem Unternehmen den Aufstieg unter die führenden Hersteller von Kondensatoren für die Leistungselektronik ebnen sollte: für die Energiezwischenspeicher von Frequenzumrichtern hatten von jeher Elektrolytkondensatoren („Elkos") als einzig akzeptable Wahl gegolten. Zwar waren Folienkondensatoren in Strom- und Spannungsfestigkeit anerkanntermaßen überlegen; sie galten allerdings als zu groß und kostspielig, um für ernsthafte Alternativen zu taugen. Die Generatoren der boomenden Wind- und Solarbranche erforderten nun verstärkt Umrichter, welche mit Zwischenkreisspannungen jenseits der für marktgängige Elkos machbaren 450 V arbeiteten.

Solche Anwendungen vermögen Elkos nur mit Hilfe von spannungsteilenden Reihenschaltungen zu bewältigen, was weitere elektrische Nachteile nach sich zieht. Elkos stellen zudem wegen ihrer begrenzten Lebensdauer gerade für die auf langfristigen, möglichst wartungsarmen Betrieb ausgelegten Wind- und Solarinstallationen ein Problem dar. Genau hier setzte die Strategie von ELECTRONICON an. Die neuen DC-Kondensatoren mit SecuMET-Belägen bewältigten mühelos die geforderte Zwischenkreisspannung, erzeugten wesentlich niedrigere Wärmeverluste und ermöglichten dank Parallelschaltung eine nie dagewesene Minimierung der Eigeninduktivität. Zwar reichten sie trotz ihrer hohen Kapazitätsdichte noch immer nicht an die Elkos heran; dank ihrer rund fünffachen Stromtragfähigkeit ermöglichten sie dafür aber eine deutliche Reduzierung der Zwischenkreiskapazität. Damit gelang der Austausch: auf selbem Raum wie bisher, quasi wartungsfrei, mit einem Bruchteil an Verlusten und deutlich verbesserten elektrischen Eigenschaften. Der neue Kondensator hob sich auch optisch von den bisher bekannten Bauformen ab: Auf dem Aluminiumbecher saß ein Kunststoffkopf mit zwei robusten Schraubanschlüssen. Die erste Serie mit Durchmesser 116 mm erhielt spontan den Namen PK16 – eine Kurzform von „Plastkopf 116". Diese Bezeichnung bürgerte sich ein und etablierte sich mit der Zeit als erster Markenname für eine ELECTRONICON-Produktreihe. Keiner ahnte, daß PK16 binnen weniger Jahre nicht nur zum bisher erfolgreichsten Produkt in der Firmengeschichte, sondern auch zu einem weltweiten Trendsetter aufsteigen würde. Zu bescheiden in der Rolle des Vorreiters, war es niemandem in den Sinn gekommen, diese Bauform patentrechtlich schützen zu lassen. Über die Jahre entwickelte sich das PK16-Design weltweit zu einem regelrechten Industriestandard und gehört heute zum obligatorischen Repertoire nahezu jedes größeren Produzenten von Film-Kondensatoren. Doch so verblüffend unverblümt das äußere Design zuweilen auch kopiert wird – bei vergleichenden Typprüfungen zeigen sich oft deutliche Unterschiede in Lebensdauer und Ausfallsicherheit, welche zumeist im Know-How der SecuMET-Metallisierung wurzeln. Es waren vor allem die Verkäufe dieser PK16 sowie der auf dasselbe Marktsegment zielenden ein- und dreiphasigen Filterkondensatoren, welche seit 2005 für stetiges Umsatzwachstum sorgten.

Trendsetter PK16 420µF 1100V. Es gibt inzwischen keinen nennenswerten Wettbewerber, der nicht genau diesen Typ im Programm hat.

Die neue Bedampfungsanlage von Leybold-Optics ist seit Herbst 2009 in Betrieb.

Sechzehn Metar-Wickelautomaten wurden seit den späten 90er Jahren neu angeschafft. Und in der Wickelei wurde es immer enger...

2012 – der Befreiungsschlag: Die Wickelei zieht um in den neuen, fast dreimal so großen Reinraum in der vierten Etage.

Mit ELECTRONICON's SineCUT-Wellenschnittechnik wird die Stromtragfähigkeit der Wickel weiter gesteigert.

Großprojekte: Eine ganz neue Herausforderung

Sowohl der rasante Aufschwung von 2010/2011 bis auf das Allzeit-Umsatzhoch von über 59 Millionen EUR, als auch die deutliche Beruhigung 2012 waren vorrangig auf das Auf und Ab der europäischen und asiatischen Märkte für regenerative Energien zurückzuführen. Es hatte jedoch nicht ausschließlich mit dem Boom der regenerativen Energieerzeugung zu tun, dass ELECTRONICON in den Jahren 2009 bis 2012 erneut erheblich in die Modernisierung des Produktionsstandorts Gera-Pforten investierte (hier wurde eine neue Metallisierungsanlage von Leybold-Optics in Betrieb genommen und erheblich die Kapazität der Schneidanlagen erweitert) und die Großkondensatoren-Fertigung in der Keplerstraße ausbaute, wo unter anderem die Fläche der Wickelei in einem neuen Reinraum verdoppelt und vier zusätzliche hochproduktive Wickelautomaten in Betrieb genommen, die Montage von AC und DC Kondensatoren erweitert und Prüfprozesse automatisiert wurden. Schon seit mehreren Jahrzehnten existieren Lösungen für die verlustarme Energieübertragung über weite Strecken mittels Gleichstrom. An solchen Hochspannungs-Gleichstrom-Übertragungssystemen (HGÜ) war ELECTRONICON bereits in den späten neunziger Jahren mit speziell ausgelegten Bedämpfungskondensatoren beteiligt und lieferte seitdem regelmäßig Kondensatoren in derartige Projekte. Um die Jahre 2007/2008 herum starteten marktführende Konzerne wie SIEMENS, ABB und AREVA mit der Konzeption einer neuen Art von HGÜ-Systemen, welche auf der Basis sogenannter spannungsgeführter Umrichter arbeiten und sich insbesondere für die Anbindung von Offshore-Windparks eignen. Als Spezialist für langlebige, hochzuverlässige

Der neue Standort in Gera-Hermsdorf

Volles Haus. Ein einziges HGÜ-Projekt verbraucht oft mehrere tausend, um die 100 kg schwere Großkondensatoren.

In den spannungsgeführten Umrichtern der neuen HGÜ-Generation macht der Kondensator gut die Hälfte des Gewichts eines Moduls aus. Ein einziges Projekt verbraucht bis zu 600 Tonnen Folie. Hier in einem Modul des franko-britischen Konzerns ALSTOM Grid.

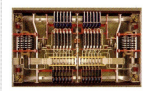
HGÜ-Modul von ALSTOM Grid in klassischer Bauart. Oben zu sehen sind die Gestelle mit blauen ELECTRONICON-Bedämpfungskondensatoren, wegen ihrer charakteristischen Form auch die „Weinregale" genannt.

Kondensatoren war ELECTRONICON von Anfang an als Entwicklungspartner involviert. Sehr schnell wurde klar, daß die neue HGÜ-Generation einen ungleich höheren Bedarf an Folienkondensatoren verzeichnen würde als vorangegangene Lösungen. In den vorhandenen Produktionsstätten war an die Herstellung tausender, bis zu 120 Kilo schwerer Großkondensatoren kaum zu denken. Die erste und im wahrsten Sinne nächstliegende Idee – ein Rückerwerb des benachbarten Fünfgeschossers aus Elektronik-Zeiten, des sogenannten PG1 – wurde bald aus produktionstechnischen wie auch kommerziellen Erwägungen verworfen. Nach kurzer, intensiver Suche erwarb das Unternehmen im November 2010 von einem Verpackungshersteller eine Werkhalle in Gera-Hermsdorf, wo binnen weniger Monate eine komplette Montage- und Prüflinie für Großkondensatoren neu installiert wurde. „Werk III" nahm am 2. Mai 2011 offiziell seine Arbeit auf, gerade rechtzeitig, um ELECTRONICON ihre erfolgreiche Teilnahme an den ersten Ausschreibungen für die Projekte der neuen HGÜ-Generation zu ermöglichen.

Wie einst SIEMENS & HALSKE, das Kondensatorenwerk und der VEB Elektronik, so ist auch die heutige ELECTRONICON als einer der größten produzierenden Arbeitgeber Geras eng mit der Stadt verbunden. Während die historischen Standorte in Parkstraße und Umgebung nach Abriß und Neugestaltung nicht mehr wiederzuerkennen sind, wächst das Unternehmen in seinen modernen Werken stetig weiter. Im 75sten Jahr der Geraer Kondensatorenproduktion befindet sich ELECTRONICON mitten in der Planung für

ELECTRONICON®
always in charge

Seit 2009 in neuem Gewand: nach 22 Jahren wechselten das Logo und die Farben der ELECTRONICON. Das „E" verkörpert das Schaltsymbol des Kondensators. Der Slogan „always in charge" spielt mit der englischen Bedeutung von „charge". Kondensatoren sind geladen, „charged". „To be in charge" bedeutet aber auch „zuständig sein", „der richtige Ansprechpartner sein".

Die Bundesministerin für Arbeit und Soziales Ursula von der Leyen besucht gemeinsam mit der künftigen Oberbürgermeisterin Viola Hahn im Februar 2012 als erster Gast die neue Wickelei. Hier im Gespräch mit Geschäftsführer Walter Bauer.

Auch 2013 wird wieder in die Erweiterung der Fertigung investiert. Im Herbst erhält ELECTRONICON eine neue roboterbetriebene Kontaktierlinie.

die erneute Erweiterung ihres wichtigsten strategischen Unterpfands: Die Metallisierung soll mitsamt des Schneidraums eine grundlegende Neuordnung und Vergrößerung erfahren. Bereits in Arbeit ist eine Aufrüstung der Kontaktierungskapazität um rund 40 Prozent. Die Entwickler arbeiten an neuen Ideen für die Leistungskondensatoren, und das größte „Problem" der Fertigung ist, mit der erneut steigenden Nachfrage im In- und Ausland Schritt zu halten. Erfüllen sich die aktuellen Umsatzprognosen für 2013, so wird der Betrieb im Jubiläumsjahr erstmals seit seiner Privatisierung die 65-Millionen-Euro-Marke überschreiten.

Ein altgedienter Ingenieur meinte einmal verschmitzt: „Egal wie, den Kondensator hat bisher noch niemand durch ein anderes Bauteil zu ersetzen vermocht. Den werden sie wohl immer brauchen..." In den 75 Jahren ihres Bestehens hat die „alte Dame" tiefe Umbrüche erlebt. Zweimal hat sie sich wie Phönix aus der Asche erhoben und den Neuanfang gemeistert. Vom Konzernbetrieb in der Kriegswirtschaft, über den staatlich geführten Kombinatsriesen im abgeschotteten Wirtschaftsraum bis hin zum wendigen Mittelständler im offenen Weltmarkt: Gera wickelte seine Kondensatoren, und tut dies heute erfolgreicher denn je.

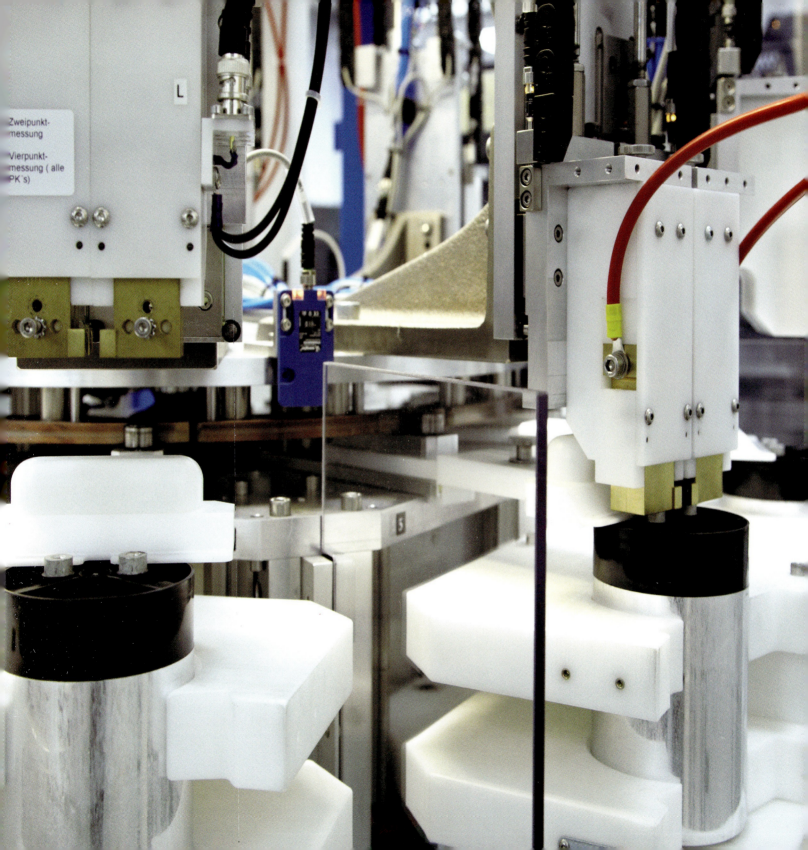

Danksagung

Unser Dank gilt all jenen, welche durch ihre freundliche Unterstützung zum Gelingen dieser Ausgabe beigetragen haben, insbesondere Frank Berkigt, Bernd Bludau, Uwe Büttner, Kelvin Craik, Walentina Eichfeld, Walter Fritsch, Kurt Fritzsch, Werner Hassa, den Mitgliedern der Fachgruppe Heimatgeschichte des Kulturbundes Gera, Klaus Holbe, Rolf Jahn, Wiktor Jerzyna, Andreas Jurk, Harald Kante, Uta Kneisel, Georg Knöchel, Cindy Köster, Rudolf Kreher, Gerhardt Kretzschmar, Eberhardt Küchler, Dieter Lorenz, Familie Martin, Wolfgang Meisgeier, Siegmund Olewicz, Gottfried Pammler, Klaus Pufe, Lutz Räck, Regina Rössler, Jörn Schattschneider, Wolfgang Schrödter, Gerhard Schurz, Roger Starke, Klaus Thalemann, Klaus Thiele, Guy Waeber und Herbert Zimmermann,

sowie den hilfsbereiten Mitarbeiterinnen und Mitarbeitern von Anna-Amalia-Bibliothek Weimar, Bundesarchiv Berlin, SIEMENS Corporate Archives München, Thüringischem Staatsarchiv Rudolstadt, Stadtarchiv Gera, Stadtmuseum Gera und Thüringischem Hauptstaatsarchiv Weimar.

Stefan Hochsattel und Steffen Jacob

Bildnachweis: (Zählweise v. l. o. n. r. u.):

Alle Fotos und Abbildungen ELECTRONICON-Archiv, außer:

7-2, 8-1, 8-3, 13-4 Jörn Schattschneider, Hamburg

9-1 SIEMENS Corporate Archives SAA 10754

9-3 ELKOD Petersburg

9-4, 10, 12-2, 12-3, 16-1, 16-2, 16-3 Klaus Thalemann, Gera

11-1, 14-1, 17-3 Der Funke

12-4 Eckhard Etzold, Braunschweig

15-3 Bundesarchiv Bild_183-30652-0002

16-4, 16-5 Georg Knöchel, Weimar

17-1, 17-2 Handbuch Elektronischer Bauelemente

21-1 Museum für Stadtgeschichte, Gera

22-1, 22-2, 22-3, 23-4 Rudolf Kreher, Gera

25-4 Wiktor Jerzyna, Gera

29-4 Kultur- und Kongreßzentrum Gera

33-4 elektroniker

32-1 Stadtarchiv Gera B17122

32-2 Andreas Jurk

38-2 OTZ Januar 1993

42-2, 42-3 Gerhard Schurz, Gera

64-1, 64-3 Semikron S.A.R.L.

67-3, 67-4 ALSTOM Grid

Impressum:

ISBN 978-3-00-043983-4

Text: Stefan Hochsattel (ELECTRONICON)

Satz und Gestaltung: www.punkt191.de

Gesamtherstellung: Druckhaus Gera GmbH

© ELECTRONICON Kondensatoren GmbH, Gera 2013

Die Verwertung der Texte und Bilder, auch auszugsweise, ist ohne Zustimmung des Herausgebers urheberrechtswidrig und strafbar. Dies gilt auch für Vervielfältigungen, Übersetzungen, Mikroverfilmung und für die Verarbeitung in elektronischen Systemen.

Printed in Germany